CAISHUI
LILUN YU ZHENGCE

陈爱东　马鸿譞　徐敏娜/主编

财税
理论
与
政策

西南财经大学出版社

中国·成都

图书在版编目(CIP)数据

财税理论与政策/ 陈爱东,马鸿譞,徐敏娜主编.

成都:西南财经大学出版社,2024.10. --ISBN 978-7-5504-6428-5

Ⅰ.F812

中国国家版本馆 CIP 数据核字第 2024VJ5313 号

财税理论与政策

陈爱东　马鸿譞　徐敏娜　主编

责任编辑:李特军

责任校对:冯　雪

封面设计:墨创文化

责任印制:朱曼丽

出版发行	西南财经大学出版社(四川省成都市光华村街55号)
网　　址	http://cbs.swufe.edu.cn
电子邮件	bookcj@swufe.edu.cn
邮政编码	610074
电　　话	028-87353785
照　　排	四川胜翔数码印务设计有限公司
印　　刷	郫县犀浦印刷厂
成品尺寸	185 mm×260 mm
印　　张	10.875
字　　数	249 千字
版　　次	2024 年 10 月第 1 版
印　　次	2024 年 10 月第 1 次印刷
书　　号	ISBN 978-7-5504-6428-5
定　　价	29.80 元

▶▶ 前言

　　党的十九大以来，中国财政在统筹脱贫攻坚与乡村全面振兴、统筹生态治理与转变经济发展方式、统筹疫情防控与经济社会发展中积极作为，成效卓著，未来应继续围绕支撑保障国家重大发展战略和重点目标任务，使财政在全面建设社会主义现代化国家、以中国式现代化全面推进中华民族伟大复兴中作出新的更大贡献。在习近平新时代中国特色社会主义思想指引下，中国财政准确把握财政事业发展规律、深刻理解财政理论发展逻辑，坚持稳中求进工作总基调，完整、准确、全面贯彻新发展理念，致力于发挥财政在国家治理中的基础和重要支柱作用。本书以习近平新时代中国特色社会主义思想为指引，系统分析阐释了我国各项事业发展规律在中国式现代化建设过程中的历史方位与战略定位，具有极其重要的现实意义和时代价值。

　　本书以新时代中国财政的发展规律与理论逻辑为线索，以主流经济理论为基础，从理论、实践和应用三个层面，总结提炼新时代我国财政理论与政策发展情况，并辅以大量的案例和实践，为财政在全面建设社会主义现代化国家、全面推动中华民族伟大复兴中发挥更加突出的作用提供新思路、奠定新基础。

　　本书由陈爱东教授统筹安排并担任主编，马鸿骥博士担任主编，负责全书大纲的设计和教材编写的组织管理工作，徐敏娜老师和唐静副教授负责章节撰写和指导工作。本书分为基础理论篇、理论创新篇、财税政策篇、财税案例篇和税收政策应用篇五个篇章。基础理论篇由陈爱东教授指导，西藏民族大学财经学院税务专硕研究生牛新豪、闵思涵负责编纂；理论创新篇由马鸿骥博士负责撰写，税务专硕研究生张子萱、赵瑞雪协助；财税政策篇由徐敏娜老师撰写，研究生张晓蕴、柳雯雯协助；财税案例篇由唐静副教授指导，研究生孙海翔、张子萱等进行编纂；财税政策应用篇由陈爱东教授指导，研究生牛新豪，张子萱负责撰写。最终由马鸿譞博士、研究生张子萱等完成了终稿的修改和校订。

　　本书在编写过程中，参考了大量的国内外相关文献，大部分已于参考文献中列出。在此，向这些文献的原作者们表示真挚的谢意！由于作者水平有限，加之时间紧迫，书中不足之处在所难免。欢迎使用本教材的读者朋友批评指正。

编者

2024 年 6 月

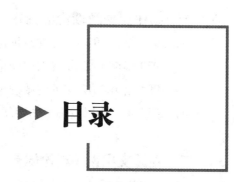

▶▶ 目录

第三篇 财税政策篇

第四篇　财税案例篇

第五篇　税收政策应用篇

第一篇
基础理论篇

一、

财政基本概念

（一）什么是财政

财政是一个国家为实现其职能，以国家为主体对社会产品进行的一种分配和再分配的经济活动。这个定义包含以下几项内容：①财政是一种分配和再分配的经济活动；②财政分配的主体是国家；③财政分配的对象是社会产品；④财政分配的目的是保证国家实现其职能的需要。

（二）财政的产生

从人类社会发展史上看，财政是一个历史范畴，它伴随国家的产生而产生，是社会生产力发展到一定历史阶段的产物。财政活动是一种历史悠久的经济现象。在国家产生以前，原始公社末期已经存在着从有限的剩余产品中分出一部分用于满足社会共同需要的经济现象。但这只是集体劳动成果由集体分配，属于经济分配，还没有财政分配。

国家产生以后，一方面，统治阶级为了维护国家的存在，依靠政治力量，强制占有和支配一部分社会产品，以保证国家机器的运行和社会的发展。恩格斯在《家庭、私有制和国家的起源》一书中论述道"为了维持这种公共权力，就需要公民缴纳费用——捐税。捐税是以前氏族社会完全没有的。"从而便从一般经济分配中分离出了独立的财政分配。另一方面，随着社会的发展，政府的具体职责和所代表的集体意志日益发展变化，分工的形式也日渐复杂，诸如西方的财政、商务、国防，东方的吏部、户部、礼部、兵部、刑部、工部的产生。在历史演化过程中，财政的维持政府职能实现、提供公共需要的社会功能就相对地独立出来了。作为具有社会综合功能的财政，在任何经济形态下，它必然是政府的经济发展方式和社会、经济控制方式以及政府提供公共物品的基本方式。

从财政在社会中的作用来看，它又属于经济范畴。它是为适应国家的物质需要，从社会产品分配环节独立出来的以国家为主体的分配。这种国家分配，是为了从物质上保证国家履行其职能的需要，保证国家的存在和发展。也就是说，没有国家就没有财政；没有财政，国家也难以存在。列宁说："任何社会制度，只有在一定阶级的财政支持下才能产生"。财政体现着国家在经济上的存在。财政作为一个经济活动，包括财政收入和财政支出两个部分。收入主要来源于税收和国债，支出主要有社会消费性支出、财政投资性支出和转移支出。

（三）财政的发展

由于社会生产方式不同以及由社会生产方式决定的国家类型不同，财政经历了奴隶制国家财政、封建制国家财政、资本主义国家财政和社会主义国家财政的历史演变。

1. 奴隶制国家财政 ├─────────────────────

奴隶制国家财政是建立在奴隶主占有生产资料和奴隶的经济基础上的，体现代表奴隶主阶级利益的国家直接剥削奴隶劳动成果的分配关系。它的基本特点是：国家直接剥夺奴隶劳动成果；作为奴隶主，国王个人成果收支和国家财政收支混在一起；财政分配采取实物或力役形式。国家财政处于初级阶段。

2. 封建制国家财政 ├─────────────────────

封建制国家财政是建立在封建地主占有生产资料和农奴的经济基础上的，体现代表封建地主阶级利益的国家剥削农奴阶级劳动成果的分配关系。它的基本特点是：财政收入以农业赋税为主；君王个人收支和国家财政收支逐步分开；财政分配部分采用实物形式，部分采用劳役形式，货币形式。国家财得到进一步发展。

3. 资本主义国家财政 ├─────────────────────

资本主义国家财政是建立在资产阶级占有生产资料的经济基础上的，体现代表资产阶级利益的国家无偿占有无产阶级和其他劳动群众所创造的剩余价值的分配关系。它的基本特点是：国家凭借政治权力取得财政收入；国家财政收支货币化。国家财政得到空前发展。

4. 社会主义国家财政 ├─────────────────────

社会主义国家财政是建立在生产资料公有制基础上的，体现国家与劳动人民根本利益一致的分配关系。另外，我国在历史发展进程中还经历了半殖民地半封建时期和与此并存的新民主主义时期。这个时期中，在半殖民地半封建社会，相应具有对帝国主义有依赖性、对劳动人民剥削的半殖民地半封建社会财政；在新民主主义革命根据地，相应具有代表无产阶级和劳动人民利益的、为保障革命战争和革命根据地建设需要的新民主主义财政。

总的来说，资本主义阶段的国家及其以前阶段的财政是以生产资料私有制为基础的，是在经济上占统治地位的阶级凭借国家的政治权力对劳动人民进行的额外剥削，反映了剥削阶级对劳动人民的超经济剥削关系。社会主义国家财政是建立在生产资料公有制基础上的，它消灭了剥削制度，是服务于人民的国家财政，体现了取之于民、用之于民的新型分配关系。但是，不同类型的国家财政，一般具有下列共性：财政分配的国家主体性、无偿性、强制性和社会基金性。这些特征相互关联，使财政分配与其他经济分配相区别。

（四）财政的基本特征

1. 公共性

公共财政着眼于满足社会公共需要。公共财政的职能范围是以能满足社会公共需要为的目标来界定的，凡不属于或不能纳入社会公共需要领域的事项，财政就不去介入；凡属于或可以纳入社会公共需要领域的事项，财政就必须涉足。现代财政制度是以满足整个社会的公共需要，而不是以满足哪一种所有制、哪一类区域、哪一个社会阶层或社会群体的需要来作为界定财政职能的口径。公共性是财政这一概念与生俱来的本质属性。公共性在任何社会形态和任何经济体制下都无法排除，唯一不同的是公共性的充分程度以及它的表现形式。社会需要是在与私人个别需要的比较中加以界定的。社会需要指的是社会作为一个整体或以整个社会为单位提出的需要。它不是一部分人的需要，也不是大多数人的需要，而是所有人的需要。

2. 非营利性

在市场经济条件下，政府作为社会管理者，其行动的动机不是盈利，而是以公共利益的最大化作为财政收支的出发点和归宿。其职责只能是通过满足社会公共需要的活动，为市场的有序运转提供必要的制度保证和物质基础。即便有时政府通过提供公共物品或服务也会产生数额不等的收益。但是在财政收支上，财政收入的取得，要建立在为满足社会公共需要而筹集资金的基础上；财政支出的安排，要始终以满足社会公共需要为宗旨，并且，通常只有投入，没有产出（或几乎没有产出）。

3. 规范性

规范性也叫法治性，是指财政制度以依法理财而不是以行政命令或长官意志作为财政收支运作的行为规范，即收支行为规范化。公共财政以满足社会公共需要为基本出发点，与全体社会成员的切身利益直接挂钩。不仅财政收入要来自社会成员的缴纳收入，财政支出要用于向社会成员提供公共物品和服务的事项；而且财政收支出现的成本和效益带来的差额，最终仍要落到各社会成员的身上。既然大家的事情大家都有份，社会成员对公共财政的运作便有强烈的监督意识，从而要求和决定了政府财政收支行为的规范化：以法治为基础、全部政府收支进预算、财税部门总揽政府收支等。

二、

财政支出理论

（一）公共产品理论

公共产品理论，是西方财政学说中的一项重要内容。它在解释公共产品非排他性和非竞争性的过程中，从侧面引申出了政府财政活动的必要性。不仅如此，公共产品理论中的某些深层次内容，还在一定程度上与财政管理体制的运行机理有着密切的联系，并且也对各级政府间财政关系的协调和发展产生着不可忽视的影响。

1. 公共产品的本质

公共产品是满足社会共同需要的产物，其决定性因素是基于一定价值判断之后的社会共同需要。大卫·休谟早在300多年前就已注意到该问题，某些任务的完成对个人来讲并没有什么好处，但对于整个社会却是有好处的，因而只能通过集体行动来执行，这大概可以看成是公共产品理论研究的起源。对于公共产品的共识，是在1954年、1955年保罗·萨缪尔森发表《公共支出的纯理论》和《公共支出论图解》两篇关于公共物品的论文之后形成的，即公共产品是具有消费的非排他性和非竞争性的产品。萨缪尔森是这样阐述公共产品的：①公共产品在技术上不易排除众多的受益人；②公共产品还具有不可拒绝性；③虽然在技术上可以实现排他性原则，但是排他的成本极高；④消费的非竞争性是指一个人的消费不会减少其他人的消费数量，或多人可以同时消费同一物品。

2. 公共产品的特征

公共产品的特征是在同私人产品特征的比较中得出的。总的来说，当代经济学家通常把公共产品的特征概括为以下三种：

（1）效用的不可分割性。公共产品是向整个社会提供的，具有共同受益或联合消费的特点。公共产品的效用为整个社会的成员所共享，不能将其分割为若干部分，分别归属于某些个人或厂商享用，不能按照谁付款、谁受益的原则，限定由为其付款的个人或厂商享用。例如，国防提供的国家安全保障是对一国国内的所有人而不是在个人的基础上提供的。事实上，只要生活在国境内，任何人都无法拒绝这种服务，也不能创造一种市场将为其付款的人同拒绝为其付款的人区别开来。所以，国防被作为公共产品的一个典型事例。相比之下，私人产品的效用则是可分割的。私人产品的一个重要特征就是它可以被分割为许多能够买卖的单位，而且，其效用只对为其付款的人提供，或者说是谁付款、谁受益。例如，日常生活中的电风扇就与国防明显不同。它可以按台出售，出售后，其效用也归购买者自己或其家庭独享。其显然属于私人产品。

（2）消费的非竞争性。某一个人或厂商对公共产品的享用，不排斥、妨碍其他人或厂商同时享用，也不会因此而减少其他人或厂商享用该种公共产品的数量或质量。这就是说，增加一个消费者不会减少任何一个人对公共产品的消费量，即增加一个消费者，其边际成本等于零。以一国的国防为例，尽管人口数量往往处于与日俱增状态，但没有任何人会因此减少其所享受的国防所提供的国家安全保障。而私人产品的情况就不是这样。私人产品在消费上具有竞争性，即一个人或厂商对某种私人产品的享用，实际上就排除了其他人或厂商同时享用该产品。例如，上述的可按台出售的电风扇，当某一消费者将一台电风扇购入家中后，这台电风扇显然就只归这个消费者及家庭享用了，其他人或家庭不能同时享用这台电风扇所提供的效用。若要享用，只能另行购入，其边际成本显然不为零。

（3）受益的非排他性。这是指在技术上没有办法将拒绝为之付款的个人或厂商排除在公共产品的受益范围之外。或者说，公共产品不能由拒绝付款的个人或厂商加以阻止。任何人都不能用拒绝付款的办法，将其所不喜欢的公共产品排除在其享用范围之外。比如国防，如果在一国的范围内提供了国防服务，要排除任何一个生活在该国的人享受国防保护是极端困难的。即便是那些在政治上由于反对发展核武器拒绝为国防缴税而被投入监狱的人们，也仍然处在核武器所提供的国家安全保障的范围之内。在私人产品上，这种情况就不会发生。私人产品在受益上是必须具有排他性的。因为只有在受益上具有排他性的产品，人们才愿意为之付款，生产者才会通过市场来提供。例如，如果一个人喜欢某种电风扇，其他人不喜欢，那么这个人就可以付款得到它，其他的人则无须付款并且也不在这个电风扇受益范围。如果某个人拒绝付款，而又想得到电风扇，那么卖者就可拒绝卖给他。这个人肯定会被排除在电风扇的受益范围之外。

在西方经济学家们看来，现实生活中的物品或服务满足三个特征的情况是不同的。并不是所有向整个社会提供的物品或服务，都同时具有非竞争性和非排他性的特征。于是，在揭示了公共产品的三个特征的基础上，西方经济学家又将公共产品分为三类。第一类是纯公共产品，即市场完全无法提供的物品和服务，换言之，同时满足以上三个特征的产品，比如，国防、公共秩序等。如果将外部效应理论应用于公共产品和私人产品的区分，那就是纯粹的私人产品的市场交易，既不会带来正的外部效应，也不会带来负的外部效应。而纯粹的公共产品，即使初衷是只提供给某一特定的个人，其结果也会使该社会的所有人享受广泛的外部效益。将纯粹的私人产品和纯粹的公共产品视作一个闭区间的两个极点，则居于它们之间的显然是既带有公共产品的特征，又带有私人产品的特征的产品。例如，消费上具有非竞争性，但受益上具有非排他性的公共资源，以及消费上具有非竞争性，但技术上能够实现排他的公共产品等。这些产品都不是纯粹的公共产品，当然也不是纯粹的私人产品。对于这样的产品，政府财政是需采取补贴的办法，并通过市场给予支持的。第二类是准公共产品或混合品，即私人部门从获取足够的利润角度来说不能有效生产和提供的物品或服务，如公园、道路、教育、保健，等等。准公共产品的范围十分广泛，它介于私人产品和纯公共产品之间。相对于纯公共产品而言，它的某些性质发生了变化。准公共产品又可以分为三类。第一类准公共产品的使用和消费局限在一定的地域中，其受益的范围是有限的，如地方公共产品（并不一定具有排他性）。第二类准公共产品是公共的或是可以共用的，一个人的使用不能够排斥其他人的使用。然而出于私人利益，其在消费上可能存在着竞争。由于公共的性质，这类准公共产品使用中可能存在着"拥挤效应"和过度使用的问题，如地下水流域与水体资源、牧区、森林、灌溉渠道等。第三类准公共产品具有明显的排他性，由于消费"拥挤点"的存在，人们往往必须通过付费才能消费，其包括俱乐部物品、有线电视频道和高速公路等。第三类则是"矫正性公共产品"，即政府为减少（增加）私人经济活动造成的负（正）外部性所采取的措施。负外部现象包括环境污染、无安全保障的工作条件、有害健康的物品、垄断市场等，也通常称之为"公害品"；正外部现象包括公共教育、保健、住房等。

3. 公共产品的生产或提供方式

公共产品的生产或提供可以采取三种方式，即公共部门直接生产或提供、政府对私人生产者予以补贴、公共部门和私人部门联合生产或提供。由于私有化的倡导者认为后两种方式具有优势，因而引起了理论界对这些提供方式的讨论。一个国家无论选择哪种方式，其结果都是扩大国家的作用，使之超出仅仅维持公共秩序的程度。国家的公共产品观念并没有最终回答国家的经济作用到底处于自由放任经济国家与完全控制经济国家之间的哪一位置。因为随着时间的推移，国家提供各种公共产品的能力和范围有了明显的变化。例如，随着人们的环境保护意识的提高，环境污染问题的负外部性可以通过政府干预进行内部化。诺斯认为，通过减少交易成本和明晰产权可以大大加快经济活动的步伐，而降低交易成本、保护产权也需要政府介入（包括政府管制）。不过，大多数学者以公共产品概念界定国家的经济作用，最终所要表达的思想是：由于私人行为主体间的竞争会产生最适结果，因此，公共产品的提供应当保持在最低程度。

4. 林达尔均衡与搭便车者

从上面的分析可以得到这样一个结论：如果每一个社会成员都按照其所获得的公共产品或劳务的边际效益的大小来支付自己应当分担的公共产品或劳务的资金费用，则公共产品或劳务的供给量可以达到最有效率的最佳水平。在西方财政经济理论中，这被称作"林达尔均衡"。然而，以瑞典经济学家林达尔的名字命名的这一最有效率的均衡的实现，是以下面两个假设为前提的：第一，成员都愿意准确地披露自己可从公共产品或劳务的消费中获得的边际效益，而不存在隐瞒或低估其边际效益，从而逃避自己应分担的成本费用的动机。第二，每一社会成员都清楚地了解其他社会成员的嗜好以及收入状况，甚至清楚地掌握任何一种公共产品或劳务可给彼此带来的真实的边际效益，从而不存在隐瞒个人的边际效益的可能。易于看出，上述的假设条件只有在人数非常之少的群体中，才有可能存在。

而在人口众多的社会中，情况就有所不同了。在一个人口众多的社会中，没有任何人能够做到对所有成员的情况无所不知。既然不能准确地掌握社会成员的嗜好和经济状况，人们便有可能隐瞒其从公共产品或劳务上所获得的真实的边际效益。而且，如果人们知道他们所需分担的公共产品或劳务的成本份额，取决于其因此而获得的边际效益的大小，从低呈报其真实的边际效益的动机也肯定会产生。这样一来，一方面，人们可通过从低呈报边际效益而降低其对公共产品或劳务的出资份额，从而保存其收入；另一方面，由于公共产品或劳务的消费不具备排他性，人们也不会因其出资份额的减少而失掉公共物品或劳务的带来的任何效益。事实上，在这样的社会条件下，人们完全有可能在不负任何代价的情况下，享受通过其他人的捐献而提供的公共产品或劳务的效益。这时，在经济学上被称作"搭便车"的行为便出现了。

由上述分析可见，由于"搭便车"问题的存在，自愿捐献和成本分担的合作性融资方式不能保证公共产品或劳务的有效供给。既然公共产品或劳务不可或缺，"搭便车"的问题又不可避免，那就只有依靠强制性的融资方式来解决公共产品或劳务的供给问题了。事实上，政府正是一方面以征税手段取得资金，另一方面又将征税取得的资金用于公共产品或劳务的供给的。

（二）外部效应理论

简单地说，外部效应就是指某些个人或厂商的经济行为影响了其他人或厂商，却没有为之承担应有的成本费用或没有获得应有的报酬的现象。换言之，外部效应就是未在价格中反映的经济交易成本或效益。我们已经知道，当外部效应存在时，人们在进行经济活动决策时所依据的价格，既不能精确地反映其全部的社会边际效益，也不能精确地反映其全部的社会边际成本。其原因在于，某种经济活动外部效应的存在，使得除交易双方之外的第三者（个人或厂商）受到了影响，而第三者因此获得的效益或因此付出的成本在交易双方的决策中未予考虑。其后果在于，依据失真的价格信号所做出的经济活动决策，肯定会使社会资源配置发生错误，而达不到帕累托效率准则所要求的最佳状态。

1. 正的外部效应与负的外部效应

西方经济学家强调，尽管对外部效应可从不同的角度做不同的分类，但从外部效应同经济效率的关系来看，最基本的还是依靠外部效应的结果来分类，即正的外部效应和负的外部效应。正的外部效应，也称外部效益或外部经济，指的是对交易双方之外的第三者所带来的未在价格中得以反映的经济效益。在存在正的外部效应的情况下，无论是产品的买者，还是产品的卖者，都未在其决策中意识到他们之间的交易会给其他人或厂商带来益处。关于正的外部效应的一个最突出的例子是消防设备的交易。一笔消防设备的交易，除了买卖双方可从中得益之外，其他人或厂商（至少是邻近买方的人或厂商）也可从降低火灾蔓延的风险中得益。但消防设备买卖双方并未意识到这一点。他们的买卖决策并未加入其交易会降低第三者的财产损失风险这样一个因素。如果买卖决策中加入了这一因素，也就是将外部效应考虑在内，在不能向第三者收取相应报酬的情况下，消防设备的消费量肯定会因此而出现不足。

负的外部效应，亦称外部成本或外部不经济，指的是对交易双方之外的第三者带来的未在价格中得以反映的成本费用。工业污染对人及其财产所带来的损害，是负的外部效应的一个最突出的例子。工业污染在损害人们的身体健康，降低人们的财产以及资源的价值上产生的负效应，已成为现代社会人们的共识。但是，带来工业污染产品的生产者和购买者，显然是不会在其生产决策和消费决策中考虑那些因此而受损害的人们的利益的。也正因为如此，这类产品的生产量往往是过多的。

2. 单向的外部性与交互的外部性

单向的外部性是指一方对另一方所带来的外部经济或外部不经济。例如化工厂从上游排放废水导致下游渔场鱼产量的减少，而下游的渔场既没有给上游的化工厂产生外部经济效果，也没有产生外部不经济效果，这时就称化工厂给渔场带来了单向的外部性。大量外部性属于单向外部性。交互的外部性是指所有当事人都有权利接近某一资源并可以给彼此施加成本（通常发生在公有财产权下的资源上）。例如，所有国家都对生态环境造成了损害，彼此之间都有外部不经济效应。这就属于交互的外部性。交互的外部性的一个特例就是双向外部性。双向外部性是指两个经济主体彼此都存在外部性，主要的形式有三种：一是甲方和乙方相互之间带来的外部经济；二是甲方和乙方相互之间带来的外部不经济；三是甲方对乙方有外部经济效应而乙方对甲方有外部不经济效应，或者反之。例如，养蜂人与荔枝园园主之间的关系，蜜蜂要酿蜜，离不开花粉，荔枝园园主对养蜂人具有正外部经济效果；而荔枝花开后要结果，离不开蜜蜂传授花粉，这时养蜂人对荔枝园园主具有正外部经济效果。当然，养蜂人与荔枝园园主之间给对方带来的正外部经济效果的大小不一定是相等的。如果两者正好相等，就说明正外部经济效果相互抵消。如果两者不相等，说明有的经济主体从中占了便宜，有的经济主体从中吃亏了。

3. 外部效应的内在化

西方经济学家用外部效应的内在化来解释政府对外部效应的矫正措施。在他们看来，既然造成带有外部效应的物品或劳务的市场供给不是过多就是不足的原因是私人边际效益或成本同社会边际效益或成本的非一致性，那么政府的矫正措施就应当着眼于对私人边际效益或成本的调整。当某种物品或劳务的私人边际效益或成本被调整到足以使得个人或厂商的决策会考虑其所产生的外部效应，即考虑实际的社会效益或成本时，就实现了外部效应的内在化。由此看来，外部效应的内在化过程，也就是外部效应得以矫正，资源配置由不具有效率到具有效率的过程。

政府通常在财政上采取两类措施：矫正性的税收和矫正性的财政补贴。矫正性的税收意在对私人边际成本的调整。政府通过对带有负的外部效应的物品或劳务征收相当于其外部边际成本大小的税收，将其私人边际成本提高至同社会边际成本一致的水平，以此实现负的外部效应的内在化。矫正性的财政补贴意在对私人边际效益的调整。政府通过对带有正的外部效应的物品或劳务的消费者发放相当于其外部边际效益大小的财政补贴，将其私人边际效益提高到同社会边际效益一致的水平，以此实现正的外部效应内在化。

（三）公共支出规模理论

公共支出规模，可以理解为公共支出总水平。它反映了政府在一定时期内集中、占有和使用的经济资源数量，以及财政与其他经济主体之间的各种经济关系，体现了财政职能发挥作用的广度和力度。

1. 公共支出的分类

第一，按照公共支出的性质来分类，其可分为消耗性支出和转移性支出。消耗性支出的直接表现为政府购买物品或劳务的活动，这类支出包括购买日常政务活动所需的或用于进行国家投资所需的物品或劳务的支出。前者如政府各部门的行政管理费，后者如政府各部门的投资拨款。消耗性支出通过这些物品或劳务的数量与价格相乘来计算。这些支出项目的目的和用途当然有所不同，但却具有一个共同点：政府一边付出了资金，另一边相应地获得了物品或劳务，并运用这些物品或劳务来履行政府的各项职能。就是说，在这一类支出中，政府如同其他经济主体一样，在从事等价交换的活动。之所以称这类支出为消耗性支出，是因为这类支出反映了公共部门要占用社会经济资源的要求。由政府部门运用这些资源，就排除了私人部门运用它们的可能性。因此，在西方国家，这类公共支出是计入国民生产总值与国民收入之内的。转移性支出直接表现为资金无偿、单方面的转移，这类支出主要包括政府部门用于养老金、补贴、债务利息、失业救济金等方面的支出。这些支出的目的和用途也不同，但却有一个共同点：政府付出了资金，却无任何资源可得。转移性支出不存在任何交换的问题。这类公共支出并不反映公共部门占用社会经济资源的要求；相反，转移只是在社会成员之间的资源再分配，公共部门只发挥中介人的作用。

第二，按照公共支出的目的性来分类，其可分为预防性支出和创造性支出。预防性支出，指的是用于维持社会秩序和保卫国家安全，不使其受到国内外敌对力量的破坏和侵犯，以保障人民生命财产安全与生活稳定的支出。这类支出主要包括国防、警察、法庭、监狱与政府行政部的支出。创造性支出指的是用于改善人民生活，使社会秩序更为良好，促进经济发展的支出。这类支出主要包括经济、文教、卫生和社会福利等。对公共支出作这样的区分，可以揭示公共支出的去向及其在经济生活中的作用。

第三，按照政府对公共支出的控制能力来分类，其可分为可控制性支出与不可控制性支出。这里所说的控制能力，就是政府可根据经济形态的变化和公共收入的规模来对公共支出进行调整（增减）的能力。以此为分类标准，不可控制性支出可解释为根据现行法律和契约所必须进行的支出，也就是在法律或契约的有效期间内必须按照规定准时如数交付，不得任意停付或逾期支付，也不得任意削减其数额的支出。在西方国家，这类公共支出主要包括两大项：一是国家法律已有明文规定的个人所享受的最低收入保障和社会保障，如失业救济、食品券补贴等；二是政府遗留义务和以前年度设置的固定支出项目，如债务利息、对地方政府的补助等。与此相反，可控制性支出可解释为由政府部门根据每个预算年度的需要分别决定或加以增减的支出。对公共支出做这样的区分，可以表明政府对其支出项目的可控制能力，哪些支出有伸缩的余地，哪些支出是固定不变的。

第四，按照公共支出的受益范围来分类，其可分为一般利益支出与特殊利益支出。所谓一般利益支出，指的是全体社会成员均可享受其所提供的效益的支出，如国防支出、警察支出、司法支出、行政管理支出等。这些支出具有共同消费或联合受益的特点，提供给各个社会成员的效益不能分别测算。所谓特殊利益支出，指的是对社会中某些特定居民或企业给予特殊利益的支出，如教育支出、医药支出、居民行为支出、企业补助支出、债务利息支出等。这些支出所提供的效益只涉及一部分社会成员，每个社会成员所获效益的大小有可能分别测算。按照这种标准进行分类，可以说明公共支出所体现的分配关系，进而分析不同阶层或不同利益集团的决策者在公共支出决策过程中可能采取的态度。

2. 公共支出规模的衡量指标

公共支出规模的衡量指标包括：一是财政支出规模的绝对指标，是指财政支出预算中的绝对金额，即财政支出总额，它能够比较直观地反映财政支出的现状和变化情况；二是财政支出规模的相对指标，即财政收入占 GDP 的比率（财政收入比率）、财政支出占 GDP 的比率（财政支出比率），通常情况下都是后者大于前者。

3. 公共支出增长现象的解释

公共支出不断增长似乎是市场经济国家经济发展中的一条规律。理论界对于公共支出规模增长趋势的理论解释有以下几种：

（1）政府扩张论，也称瓦格纳法则。其是由德国经济学家瓦格纳首先发现的，由指政府职能不断扩大以及政府活动持续增加的规律。

①一方面，随着社会的发展，政府完善国内外法律规章以及维护社会秩序的要求随之增加，以保证市场机制发挥作用所必需的社会"环境条件"。另一方面，在经济工业化、管理集中化、劳动力专门化的条件下，经济结构以及当事人之间的市场关系越来越趋于复杂化，所有这些都有赖于公共部门活动的加强。

②政府从事物质生产的经济活动越来越多了。因为随着劳动生产率的提高，规模较大的公营企业较之规模较小的私营企业的经营条件变得相对优越起来。这促进了政府对生产领域的介入。

③政府提供的公共物品或劳务的范围越来越大了，如交通、教育、卫生保健等。这类项目通常具有一种天然垄断的属性，且投资数额大、外部效应显著。这类项目如

果交由私人部门经营，则很容易因私人垄断而导致社会的不安定。所以，政府介入这些项目，将这些物品或劳务的提供纳入其职能范围，是一件必然的事情。

据此，瓦格纳得出结论：政府活动不断扩张所带来的公共支出的不断增长，是社会经济发展的一个客观规律。

（2）内外因素论也称梯度渐进增长论，皮考克和魏斯曼根据瓦格纳法则提出了一个更为复杂的解释。他们认为，公共支出的增长只是由公共收入的增长造成的。基于这种判断，他们将导致公共支出增长的因素归结为两种：

①内在因素。在税率不变的税收制度下，随着经济的发展和国民收入的增加，政府所征得的税收收入必然呈不断增长趋势。而追求政治权力最大化的政府更喜欢扩大支出。除非既有的公共收入水平对其扩大支出的欲望构成约束，否则，政府的公共支出的上升必然会同国民生产总值（GDP）的增加以及由此而带来的公共收入的增加呈线性关系。

②外在因素。除了公共支出随着收入的增加而增加这种内在因素之外，还有一种外在因素也会导致公共支出的增加。这种因素就是，在社会发展过程中总会遇上动荡时期，如战争、饥荒级别的社会灾难。在动荡时期，政府的支出急剧增加。于是，政府会被迫提高的税率或增加新税，不愿意多交税的公众也会被迫接受提高的税率和新增的税种。但在动荡时期过后，税率水平并不会退回到原来的水平上，有些新税还继续存在，因而政府能够继续维持动荡时期的高额支出。据此，皮考克和魏斯曼的结论是：公共收入和公共支出总是同步增长的。

（3）经济发展阶段论：马斯格雷夫和罗斯托倾向于用经济发展阶段论来解释公共支出增长的原因。在他们看来，在经济发展的早期阶段，政府投资往往在社会总投资中占有较高的比重。这是因为在这一时期，公共部门必须为经济发展提供必需的社会基础设施，如公路、铁路、桥梁、环境、卫生、法律和秩序、电力、教育等。这些公共投资对处于经济和社会发展早期阶段的国家步入经济起飞阶段，并进入发展的中期阶段来说，是必不可少的前提条件。当经济发展进入中期阶段之后，政府的投资便开始转向对私人投资起补充作用的方面。公共投资的规模虽有可能减少，但由于这一时期，市场失灵的问题日趋突出，成为阻碍经济发展进入成熟阶段的关键因素，从而政府部门必须加强对经济的干预。政府加强对经济的干预显然要以公共支出的增加为前提。随着经济发展由中期阶段进入成熟阶段，公共支出的结构会发生相应的转变。公共支出从以社会基础设施投资为主的支出结构，逐步转向以教育、保健和社会福利为主的支出结构。公共支出中这些进行福利再分配的政策性支出的增长会大大超过其他项目的增长，这又进一步使得公共支出的增长速度加快，甚至快于国民生产总值的增长速度。

由此可见，马斯格雷夫和罗斯托的模型，实际上是反应公共支出的结构在长时期中的变化的模型。

（4）官僚行为增长论：这种理论从制度角度解释了财政支出规模与官僚集团行为的关系。按照公共选择理论的观点，官僚是指负责政策执行、通过政治制度作出的集体选择的代理人集团，或更明确地说是指负责提供政府服务的部门。经济学家们经常假设，个人是以追求自身利益为最大目标的，企业是追求利润最大化的。尼斯克南认为，官僚竭力追求机构规模最大化，机构规模越大，部门预算越大，官僚们的权力越大。正因为官僚机构以机构规模最大化为目标，从而导致财政支出规模不断扩大，甚至财政支出规模增长超出了公共产品最优产出水平所需的支出水平。由于交易成本很高，拨款机构很难控制官僚行为。因此，官僚机构通常以两种方式扩大其预算规模。第一，他们千方百计让政府相信他们确定的产出水平是必要的。第二，利用低效率的生产技术来增加生产既定的产出量所必需的投入量（增加预算、附加福利、工作保障，减少工作负荷），这时的效率损失不是由官僚服务的过度提供，而是投入的滥用所致。由此可见，官僚行为从产出和投入两个方面迫使财政支出规模不断膨胀。

4. 公共支出的最优规模

公共部门的规模属于资源配置问题。相对于私用品而言，公共产品的生产需要占用多少社会资源？最大社会受益原则有助于我们理解这一问题。首先我们做如下三种假设：①假定私人部门的所有市场在理想状态下运行，即不存在外溢性、成本递减等现象。②假定存在着私人部门不能生产的公共产品，而且这些公共产品也不能在私人市场上出售。这些公共产品的提供构成政府的全部经济活动。③假定政府已对用于生产全部公共产品的各种方案进行了评估，而且知道每种方案所产生的社会收益。我们根据社会边际收益曲线（MSB）和社会边际成本曲线（MSC）中的社会总收益曲线和社会总成本曲线的推导可以得出，当社会边际收益等于社会边际成本时，社会净收益最大。这一基本原理也同样适用于公共支出的最优规模决定，不论是哪一领域的财政支出都应当将其规模增加到其社会边际收益等于社会边际成本的那一点，因为这时公共支出的社会净收益最大。

三、
财政收入理论

（一）税收理论

1. 最优商品税理论

（1）最优商品税理论是研究如何使税收超额负担最小化、效率最大化的理论。对于最优商品税理论，西方学术界的代表性研究成果及政策主张有四个：一是以单一消费者为研究对象的最优商品税理论，代表人物是有拉姆齐、科利特和黑格。拉姆齐法则认为，应当对需求弹性低的商品课以重税，对需求弹性高的商品适用低税率。然而在现实生活中，缺乏弹性的商品通常是生活必需品，高弹性的商品通常是奢侈品，拉姆齐法则背离了税收的收入分配目标。科利特和黑格认为，为实现效率损失的最小化，应该对休闲互补性较强（更小替代性）的商品征收重税。二是以多个消费者为研究对象的最优商品税理论，代表人物是戴蒙德。他认为收入的社会边际效用决定了补偿性需求的变化比例。政府征收商品税会对超过社会平均收入边际效用的人在商品需求方面产生积极的影响，对低于社会平均收入边际效用的人在商品需求方面产生消极的影响。三是与其他税种搭配的最优商品税理论，代表人物是阿特金森和斯蒂格利茨。他们认为在任何经济中都存在众多人口，并且在天赋和特征上千差万别。税收制度必须考虑个体差异，最优税收理论必须同时考虑税基和税收结构。政府对需求弹性低的商品征收重税，符合税收效率，但是需求弹性低的商品，当工资率增加时其需求增加的幅度小，出于公平的原因需求弹性低的商品应当实行低税率。四是异质性偏好下的最优商品税理论，代表人物是赛斯。他认为在最优所得税的情况下，估价是否要采用商品税的关键因素在于商品税的微小变化能否被同样程度的所得税变化所替代。

（2）这些研究成果及主张无不以税收超额负担最小化作为最优商品税理论的理想化目标。税收超额负担最小化是基于征税的效率目标而得出的结论，虽然这一结论有其局限性，但最优商品税的上述理念仍为我国设计商品税提供了理论基础，基于最优商品税的理论，我国目前商品税的改革趋势有：

①统一税率与差别税率并存。要想使税收超额负担最小，最优的商品税是统一税率与差别税率的结合。政府对同类商品实行比较统一的比例税率，既体现税收的中性原则又使税率种类达到最少；对不同商品实行有条件的差别税率，以体现逆弹性规则。政府对生活必需品要实行较低的统一税率，必要时甚至要给予补贴；对奢侈品要课以重税；对介于生活必需品与奢侈品之间的其他商品要严格按照逆弹性规则征收商品税。

②扩大增值税征税范围，提高税制效率，实现税负公平。为了税制公平，政府可考虑允许小规模纳税人抵扣一定价格比例的进项税额，或是降低进增值税的征收率。

③通过提高现有部分消费品税率、开征新的消费税种，既可以抵补增值税的累退性、保证财政收入的稳定增长，还能配合国家政策发挥消费税对消费结构的调节作用，规范并扩大消费税征税范围等。

2. 最优所得税理论

（1）最优所得税理论是从公平的角度出发，研究政府征税在信息不对称条件下如何在公平和效率间取舍的问题，其核心是确定最优税。最优所得税理论在"如何将蛋糕做好"与"如何将蛋糕分好"之间权衡，因此其旨在分析和解决所得税在公平与效率之间的权衡取舍问题。对于最优所得税理论，西方经济学家莫里斯在拉姆齐模型的基础上对最优税收理论做了新的探讨，他在1971年发表的《最优所得税理论探究》和1985年发表的《最优税收理论》两篇文章中阐述了如何解决最优所得税的问题。莫里斯的学生西德做了进一步的研究，其在1982年《最优边际所得税率特征》一文中得出了倒U形的边际税率曲线，即个人适用的税率首先应该是累进的，之后转向累退，收入最高的人所适用的边际税率应该是零。这个结论也被归入莫里斯的模型中，统称为"莫里斯经济"。

（2）莫里斯最优所得税理论引用了新的兼顾效率与公平的福利函数，并且引发了高收入人群对边际税率的思考，具有重要的理论贡献，对中国的税制改革具有重要的启示与借鉴意义。

①随着我国信息化进程的加快，征税成本逐渐降低，但由于我国社会的复杂性，我国不能完全照搬莫里斯的最优所得税理论，尤其是我国大部分低收入家庭都来自农村，对这部分人群的有效沟通也是税收制度亟待解决的问题。②最优所得税税制如何设计很大程度上取决于政府取得的信息的可得性、完整性和准确性，因此国家应提高对个人的效用和行动信息的掌握能力。③由于社会生产力不断发展，税制也需要相应地变动，所以最优所得税理论只是某个时间段内的相对最优解。由于最优所得税理论主要考虑的是满足公平和效率原则，但在我国市场经济条件下的税制设计除了需要考虑公平和效率原则外，还有法治原则，因此最优所得税方案也需要灵活地变动。④所得税在减少不公平方面的作用比人们的预期要低，所以我国可以通过引入一个由工作时间和劳动收入决定的税种来实现公平方面的作用，如财产税和商品税等。由于我国与西方国家国情不同，我国作为高储蓄国家，消费占比低于美国；所以，我国在税种的选择上应该结合我国的国情进行判断。

3. 最优税制理论

（1）信息的不对称使得政府在征税时丧失了信息优势，在博弈中处于一种不利的地位，在自然秩序作用下无法达到"帕累托最优状态"。我们只能通过制度的安排，使之接近于这个状态，因此最优税制理论研究的是政府在信息不对称的条件下，如何征税才能保证效率与公统一的问题，该理论综合考虑了商品税和所得税在效率和公平方面的优势。

（2）关于最优税制理论的假设，主要有三个：

①市场状态假设。该假设是指个人偏好、生产技术和市场结构要明确表示出来。②政府的行为能力假设，该假设是指政府必须通过一套交易成本较低的、有限的税收工具体系来筹措既定的收入。③标准函数假设。该假设是指在多人的模型中，以社会福利函数作为标准函数，计算各种结果，以此来作为选择税收工具的标准。

（3）最优税制理论的研究意义

由于信息具有不对称性，政府无法完全掌握全部信息，而最优税制理论是建立在信息完全对称的基础上的理想化模型，其通过引入社会福利函数来协调公平与效率的问题。因此，最优税制理论具有一定的研究意义。此外，最优税制理论还是对税收调控作用的重新认识。自由主义经济学的传统理论认为市场是万能的，税收要保持中性的原则，不能干预市场的正常运行。但是随着人们对市场失灵的认识，税收被认为对市场存在失灵的领域具有调控作用。现代的最优税制理论更加明确了税收在市场中的调控作用，这种作用不仅在失灵领域，还作用于非失灵领域。政府可以通过税收对市场运行进行调控，其目标定位于减少经济波动、促进经济增长、增加就业和促进产业结构的优化。而最优税制理论就是以调控经济为目标的一种财税理论。

（4）最优税制理论的局限性

因为最优税制理论是一种假定的模型化理论，其引入的社会福利函数的重点是如何使效用最大化，但其忽略了其他社会目标。因此最优税制理论只考虑了经济层面的因素，忽略了政治、文化等其他方面的因素，具有一定的局限性。

（5）税收工具的可行性

关于税收工具的可行性，最优税制理论研究了消费者的选择如何被运用到税制设计中来，这取决于政府可获得的信息，也就是说，政府可获得的信息对于可使用的税收工具、税制设计都具有深远的影响。由于我国的国情限制了税收工具的范围以及改变了税收工具的作用，因此我们在税制设计时应该修改最优税收理论的标准模型，通过拓展这一理论来适应我国不同于西方国家的国情。

（二）公债理论

1. 李嘉图学派的公债理论

（1）李嘉图学派始于资本主义市场经济蓬勃发展时期，此时期在自由竞争条件下供给创造需求的理论是成立的。市场充分发挥了"看不见的手"的作用，社会资源配置较为合理，效率基本实现最大化，此时不需要政府的干预。李嘉图学派认为偿债是必要的，但最好选择征收资本税。赤字是延迟的税收，财政赤字对经济运行没有任何实质性影响。举债在短期内会影响总需求，长期内可能通过挤出效应影响资本形成和经济增长。

（2）李嘉图学派"私人储蓄将会与公债发行额等额增加"的观点与我国 1981—1998 年私人储蓄的增加幅度远高于发行的公债规模的实际不相符，因此李嘉图学派的公债理论不适用于我国国情。

2. 公债有害论

（1）新古典学派产生于 20 世纪 70 年代，当时西方资本主义国家正处于严重的滞胀时期。新古典学派认为，政府的公债政策能影响未来一代人的消费机会。政府要注重公债的长期经济效果和财政政策与货币政策的配合使用。该学派认为紧的货币政策与高赤字的财政政策会导致较高利率水平从而引导国民储蓄，妨碍资本形成。该学派认为永久性赤字是决定一个国家储蓄率的关键因素，临时性财政赤字在永久性赤字较低时能起到稳定经济的积极作用。该学派主张将永久性赤字控制在较低水平，适度调整临时性赤字以稳定经济、推动国民储蓄的提高。

（2）新古典学派认为公债会减少代际资本的分配公平，给国家带来真正的负担。在我国，政府公债收入大多用于投资性支出，如公共产品等。而公共产品通常具有外部性，如果后代要为其享用的外部性支付成本，那就可能是在将来支付用于偿还国债而增加的税收。因此，新古典学派并不完全适用于我国国情。

3. 公债有益论

（1）凯恩斯学派产生于第一次资本主义经济危机时期，由于 1929—1933 年西方资本主义国家经济的大萧条，社会消费严重不足，整个市场经济处于瘫痪状态。面对市场失灵，主张政府干预经济的凯恩斯学派应运而生，扭转了资本主义经济危机的局面，使其成为当时的主流经济学学派。凯恩斯依据其有效需求不足理论提出了与古典学派的"公债有害论"完全对立的观点，即"公债有益论"。他认为政府应当介入市场，弥补市场失灵所带来的市场有效需求严重不足的缺陷，主张增加政府支出、减少税收来扩大社会总需求。政府为扩大市场需求，在"增支"的同时"减收"，必然带来赤字，举借债务可以有效弥补赤字。其认为在特定条件下，赤字如果运用得好，政府发行公债不但无害，还具有提高国家经济福利的积极作用，因此赤字是重要的政策工具，能弥补经济衰退时的需求不足，而发行公债是弥补赤字的最佳办法。

（2）凯恩斯学派奉行的政府干预经济在我国一直有较强的体现。从计划经济体制到市场经济体制的转轨，我国政府虽然逐渐减少干预，但是实际上与世界其他大多数国家相比仍然具有较强的干预色彩。凯恩斯学派所倡导的将公债作为宏观经济调控的重要财政工具的理念也在我国得到继承。凯恩斯理论诞生于有效需求不足的经济背景，由于我国也存在着有效需求不足的现行经济背景，因此借鉴凯恩斯主义的公债理论来指导我国的国债发行乃至其他财政政策，应是重要的研究问题。

四、

财政体制

（一）分权理论

1. 分权理论的含义

财政分权是具有建立在政府职能或事权基础上、符合经济效率与公平、体现民主精神、采取民主方式并有法律保障、各级政府有相对独立的财政收入与支出范围、处理中央政府与地方政府及各政府间关系等特点的一种财政体制。财政分权理论最早由美国经济学家蒂布特在其发表的《地方公共支出的纯理论》中提出。

2. 分权理论的五个关键特征

①财政职能性与收支相对独立性，即政府职能明确，相应各级政府的收入与支出范围明确。②效率性与最优化，即事权与财权相统一，体现经济学中的成本与收益原则。各级政府使用居民的税收为全体居民提供最需要的公共产品，包括最优税收税率结构、最优支出规模结构等。③民主性与公平性，体现政府是一个为民办事的组织的思想，分权理论既要保证各经济微观主体的利益与自由，使得各微观主体的偏好得以显示，又要通过民主的方式协调各主体之间的利益矛盾。政府要为居民参与财政活动提供公开透明的信息与渠道，保证中央政府不能随意侵占干预地方政府利益。地方政府不是或不完全是中央政府的代理机构，而是具有独立权利的组织或行为主体。④规范性与法律性，各级政府的关系、职能与行为是规范的，有法律作为依据与保证，有较强的稳定性与可预测性。⑤激励相容性，分权体制既要保证地方政府利益与中央政府利益的协调统一，又要保证各级政府官员的个人利益与地方居民利益的协调统一。

3. 财政转移支付与地方税收竞争

1994 年，中国实施了分税制财政体制改革，通过对主要税种的划分，基本确定了中央政府和地方政府之间的收入分配关系。地方政府开始成为独立的经济利益主体，地区间的竞争关系也随之出现。分税制改革后，为了弥补地方财政收支缺口，中央政府开始逐步建立对地方的财政转移支付制度。随着转移支付制度的不断完善，中央对地方转移支付的规模和力度都呈现上升趋势。转移支付的积极效应有：首先，从间接影响来看，转移支付整体上有助于弱化地区间的税收竞争行为；其次，转移支付制度主要在低转移支付地区发挥政策效应，其表现为当转移支付力度较低时，转移支付制度有利于弱化县级政府间的税收竞争；再次，一般性转移支付不仅能够激励地方政府提高本地区实际税负水平，而且能够显著抑制地方政府间的税收竞争行为，专项转移支付则保持中性影响；最后，转移支付对地区间财政支出竞争具有显著的激励效应，主要表现为强化了地方政府间基本建设支出的逐项竞争。因此转移支付规模的确定要以地方的经济发展水平、人口因素等客观条件为依据，合理控制转移支付规模。政府需要调整和优化转移支付结构，形成以一般性转移支付为主、专项转移支付为辅的转移支付体系。对于地方税收竞争行为的治理，我国应进一步构建完善的配套措施，如逐步规范地方性税收优惠政策、建立健全地区间税收协作机制等，引导地方政府进行良性有序的税收竞争。

4. 分权理论的发展

财政分权理论已经从最初基于要素的流动性以及知识的分散性得出分权可以更有效率的传统分权理论发展到注重微观基础的第二代分权理论。其中，传统分权理论也被称为财政联邦主义，第二代分权理论也被称作第二代财政联邦主义理论或市场维护型财政联邦主义理论。

（二）财政联邦主义

1. 财政联邦主义的含义

财政联邦主义是一种关于财政分权的理论学说，其中，财政联邦主义以新古典经济学为分析框架，在发展公共产品理论的基础上，重点围绕财政分权的界定、财政分权的必要性以及比较中央政府与地方政府在提供公共产品时的优劣比较等问题展开研究和论述；第二代财政联邦主义理论通过引入机制设计学说和激励相容原理，创新地把当代微观经济学方法运用到财政分权问题的研究之中。

2. 财政联邦主义的改革

财政联邦主义并不完全适用于中国，但是参考其合理划分中央和地方的支出责任，并据此分配收入权力是非常必要的。1994 年分税制改革之前，无论是统收统支还是包干体制，其实都是一种特殊形式的财政分权。1994 年税制改革之后，各级政府在划分责任的基础上，明确中央和地方的收入范围，财政分权思路非常清晰。但是鉴于中国特殊的政治体制和历史文化，中国财政体制又很难被称为真正的财政分权。因此从财政联邦主义的视角下，我国应有效选择财政分权模式，推进财政分权制度的法治化，合理划分各级政府事权，进一步完善地方税体系，完善均衡转移支付制度。同时，财政体制改革可以在原体制其他制度不动的条件下率先进行，维持其他制度不变，从而可以形成保障国家的统一、维持社会的稳定和守护中央的权威等良好的改革环境，而财政体制的改革又必将平稳地推动其他所有制度的改革。正因如此，我国的改革可以以财政体制的改革为突破口。

3. 政府间的财政关系

为进一步构建权责清晰、多元协调的政府间财政关系，我国应重点关注以下三大方面。一是推进权责范围与支出责任划分标准研究。一方面，细化各级政府间财政资金承担比例，关注权责范围和支出责任保障标准的法制化建设；另一方面，使用理论模型量化划分标准，确保权责范围和支出责任的划分与地区财力相匹配。二是深化财政收入分配模式研究。关注区域经济差距与财政统筹层级间的关系，因地制宜优化收入分配模式、协调财政资源；辩证分析"制度红利"与"政策洼地效应"对于地方税源的影响。三是加强转移支付的系统性研究。完善转移支付制度设计，关注转移支付资金的公共服务转化率，推动转移支付从分配迈向治理，加强对不同类别转移支付方式适用情况、具体规模、效率效益的分析。

第二篇
理论创新篇

一、
新中国财政理论的变迁

（一）1949 年到 1978 年的财政理论

    财政是国家的基础和血液，是国家管理经济和配置资源、实现国家目标和战略意图的主要工具。财政作为国家治理的重要工具，必须以国家与政党发展所面临的时代性问题为基准，并以此来适应时代发展与国家功能调整的需要。这就使得财政理论的产生及发展与一个国家经济、政治、社会的发展变化紧密相关。

1. 1949 年到 1978 年的财政实践

（1）财政收入方面的调整

    中华人民共和国成立之初，农业是经济的重心，占社会总产值的绝大部分且承载绝大部分就业人口。在工商业领域运行的是建立在多种所有制或产权形式基础上的，以市场体制配置资源为主的经济形态。与此相适应，中华人民共和国成立之初的财政收入制度是建立在市场体制运行基础上的工商税收制度、与土地改革相对应的农业税收制度、与国营经济发展相对应的国有企业利润制度。但 1956 年后，中国社会主义改造基本完成，财政收入绝大部分来自公有制经济，主要收入形式是国营企业利润。

    新中国的税收制度是在承接和改造国民政府税制基础上形成的。1950 年 1 月，政务院在决定统一税收制度的同时，颁布了《全国税政实施要则》《工商业税暂行条例》《货物税暂行条例》等法规，初步确立了新中国工商税收制度。

    新中国对公私企业虽然实行一套税制，但区别对待，繁简不同，极力扶植国营企业成长，对私营工商业采取限制和改造的政策。在征税方法上，工商业税采取"自报公议、民主评定"，在此基础上采取定期定额征收方法，明确反对过去那种临时任务性捐纳和整个市、整个县包税的办法。这种方法在很大程度上减少了税收流失，也使国家权力通过税收手段渗透到各行各业与社会的各个角落。

    中华人民共和国成立之初，共有货物税、工商税、盐税、关税、薪给报酬所得税、存款利息所得税、印花税、遗产税、契税、屠宰税、房产税、地产税、特种消费行为税、使用牌照税 14 种工商税。我国各地在土地改革已经完成的基础上，实行按常年应产量和固定税率确定农业税额，一般缴纳实物（公粮），但按货币计账，实际上是定额实物税。

从 1953 年起，中国税收制度不断调整。总的来说，调整遵循的原则一是简化税制，将工商企业缴纳税收的流程在保证税收数量的前提下尽量简化征收环节与计算依据；二是奖公（国营企业）限私（非国营企业），利用税收办法促使非国有企业向国有企业转化。1953 年，中国试行商品流通税（对所列商品征税，不再征收其他各税），简化货物税和工商业税，并将印花税、营业税等尽量归并。1955 年，中国对国营企业试行周转税性质的税收，要求税收承担起限制私营工商业发展并配合其进行社会主义改造的职责。从 1958 年起，工商税制在公有制条件下进行重大改革：简化征税办法，把原来的商品流通税、货物税、营业税和印花税四种税合并成一种"工商统一税"；把原来的多次征税改为工业品在工厂只征一次税，商业零售环节再征一次税。1958 年 9 月，全国人大常委会通过《工商统一税条例（草案）》，将税收种类减为 8 种。

在公有制条件下，企业只是整个国家活动的一个分支部门，不再存在所谓的独立的主体。1969 年 6 月，中国开始实行一个企业按一个税率征税，大体上按照企业原来缴纳的各种税的总额与企业的销售收入比例制定一个税率，按销售收入征税。税率一经确定一般不作变动，实际上是一种"包税"。从 1970 年开始，中国开展按行业制定税率的试点工作，适当提高税收占积累的比例。一个行业一般按一个税率征收，各行业的税率尽量简并，税率上重工业要轻于轻工业，采掘工业轻于原料工业，原料工业轻于加工工业。税制简并与改革工作从 1973 年开始在全国推行，国家把工商统一税及附加、城市房地产税、车船使用牌照税、屠宰税合并为工商税（盐税暂按原办法征收），合并后对国营企业只征收工商税，对集体企业只征收工商税和所得税，总体上进行简化税目、税率的调整。

在缴纳税收外，国营企业还要上缴利润，集体企业还要缴纳工商税。税制彻底简化了，税务功能也大大弱化。国家财政收入中企业收入上升，税收比例下降。1956 年中国完成社会主义改造，1957—1978 年，中国的财政收入以企业上缴利润为主，税收收入下降到不足 40%。

（2）财政支出方面的实践

中华人民共和国成立之初，经济濒临崩溃，财政极其困难，还存在外国势力的武装威胁。经济发展落后、工业基础薄弱和赶超压力大的客观环境成为新中国需长期面对的困难。面对国家亟待恢复和发展而国力又严重不支的矛盾，要实现国民经济的迅速恢复、奠定工业化的基础和快速实现国家工业化，新中国只能通过建立高度集中计划经济体制，保证国家可以通过制订经济发展计划和目标，有计划地调度资源、安排生产和分配产品，将一切资源用于实现国家的发展目标。

为此新中国建立了一个全能型政府，国家实行高度统一的中央集权管理模式。政府集中了社会各领域资源，在建立社会秩序，维护国家独立，促进重点建设等方面，发挥了集中力量办大事的优势。政府在急于摆脱落后面貌的赶超型发展战略下，实行工业优先，重工业是重中之重的政策，大量的资源被投放到经济建设领域。在财政支出制度上，呈现出高度重视生产建设的特征，且对个人收入分配维持较小的级差。

从财政支出结构来看，在这一时期的财政支出中，50%以上用于经济建设，其中占大头的为基本建设支出。除国防费以外，其他支出比重都比较小。用于文教科卫和社会福利等的支出一般占财政支出的10%左右。如果再加上专门投向于国有制经济单位的增拨企业流动资金支出、挖潜改造资金、科技三项费用支出（包括新产品试制费、中间试验费、重大科研项目补助费）、弥补亏损支出，为国营企业提供属于集体福利的补贴支出（如职工住房、医疗服务、子弟学校、幼儿园等），花在国有制经济单位上的支出非常庞大。1957—1978年中国的财政支出结构见表2-1-1

表 2-1-1   1957—1978 年中国的财政支出结构   单位:%

	1957	1960	1963	1966	1969	1972	1975	1978
国内基本建设支出	41.8	55.1	24.2	35.5	39.2	40.4	39.8	40.3
其他经济支出	14.1	15.5	20.3	17.1	9.8	11.4	12.2	15.0
支农支出	2.7	5.2	6.7	3.6	2.8	3.3	5.2	6.9
文教科卫与社会福利支出	11.2	9.1	14.5	11.3	9.1	9.2	11.1	11.7
行政管理费	7.3	4.3	7.1	4.8	4.7	4.5	4.7	4.4
国防费	18.6	9.0	20.0	18.8	14.0	20.8	17.4	15.0

资料来源：由《新中国 50 年财政统计》，经济科学出版社，2000 年，第 128-130 页相关数据整理。

注："其他经济支出"由原表中"增拨企业流动资金""按潜造运资金和科技三项费用""地质堪指费"和工、交、商业部门事业费加总而来，数据加总不为 100% 是因为还有支出项目未列入表格。

从全社会固定资产投资的资金来源构成来看，国家财政投资占全部投资的绝大部分，国家的经济增长高度依赖于政府的财政投资。政府是经济建设性政府，国营企业占主导地位，国营企业的固定资金、折旧基金及大部分流动资金都由财政支出安排。"一五"时期（1953—1957 年），国家投资在固定资产投资总额中的比重高达 88.9%；到"五五"时期（1976—1980 年），这一比重下降到 57.5%，但仍占主导地位。"一五"到"五五"计划时期全社会固定资产投资资金结构见表 2-1-2。

表 2-1-2   "一五"到"五五"计划时期全社会固定资产投资资金结构   单位:%

时期	国家投资	国内贷款	利用外资	自筹及其他投资
一五（1953—1957 年）	88.9	—	—	11.1
二五（1958—1962 年）	73.2	—	—	26.8
1963—1965 年	85.0	0.7	—	—
三五（1966—1970 年）	76.4	1.1	—	22.5
四五（1971—1975 年）	66.1	1.0	—	32.3
五五（1976—1980 年）	57.5	4.5	3.5	34.5

数据来源：国家统计局：《中国固定资产投资统计年鉴》，中国统计出版社 1997 年版。

3. 国家分配论的形成

在新中国向苏联学习的过程中，苏联学者所主张的货币关系论也被引入中国。"货币关系论"认为财政是进行国民收入分配和再分配的工具，这种分配和再分配是以货币形式进行的。因此，财政科学的研究只有一个客观的对象，即作为生产关系的一部分而客观存在的货币关系，也就是形成这种货币关系的规律、表现、方法、作用范围以及在再生产过程中的作用。

然而在实践中，学者们发现货币关系论仅强调货币关系，而忽视了财政与国家的关系，并不能很好地指导中国的财政实践。1956 年 4 月，毛泽东同志在中共中央政治局扩大会议上发表了《论十大关系》的讲话，重点就是要突出从以苏为师转变为以苏为鉴，至此中国财政理论也开始"去苏联化"。1957 年以邓子基、许廷星为代表的中国财政学界学者提出了以"国家分配论"为主，价值分配论、剩余产品论等为辅的早期中国社会主义财政理论体系。

国家分配论是以马克思主义国家学说为基石，认为财政的本质是协调国家与其他财政活动主体之间的分配关系，并保持国家在财政分配中居于主体地位。原始公社时期社会实行原始公有制，公社成员之间不存在阶级差别，相互平等。同时，公社成员共同参加劳动，并共同参与社会产品分配。随着生产力的发展，私有财产开始出现，由于私有制取代公有制，公社成员之间出现阶级差异，于是维护阶级统治的工具——国家出现。国家为满足其职能需要，需无偿取得并支配社会产品，财政由此产生。

财政主体与国家天然地结合在一起，集中体现国家意志，财政的职能被界定为分配和监督。前者指国家对社会产品进行分配，后者指国家监督社会产品的生产与分配过程，二者强调国家对财政的全面控制。财政范围不仅包括政府财政收支，还包括国有部分企业财务以及部分银行信贷，政府财政、企业财务、银行信贷被混淆在一起。在 1964 年的财政学讨论会上，大部分学者赞同国家分配论，这标志着国家分配论成为当时最具影响力的财政理论。

国家分配论主张财政是国家的分配行为。"取自家财办自家事"，强调财政的范围集中于国有部门，收入来源和支出的对象主要是包括政府和国有企业在内的国有部门。国家分配论提出的"财政范围涵盖政府财政收支与部分国有企业财务"体现了这种财政范围；"办自家事"强调国家要将"自家财"用于实现国家目标。新中国以快速实现工业化为治理目标，因此财政支出结构中生产建设支出占了绝大部分。

国家分配论提出的"财政要以满足国家履行职能需要为目的"体现了这种财政支出结构。在高度集中财政体制下，中央有计划地通过财政手段安排经济活动，包括如何分配资源、生产什么、生产多少以及如何再分配产品，并监督这一过程。这既体现了财政是国家的分配行为，也体现了财政的分配和监督职能。

国家分配论高度契合计划经济的需要，对高度集中财政体制具有很强的理论指导意义，这使得国家分配论成为高度集中财政在理论层面的总结。

（二）1979 年至 1993 年的财政理论

1. 1979 年至 1993 年地财政收入的实践

（1）税收制度的调整

我们进行改革开放以后，农户、乡镇企业、个体工商户、私营企业以及外商投资企业等经济主体的出现，使原来的单一工商税收制度无法应对复杂化的经济主体，因此从 20 世纪 80 年代初开始我国开始试点和推进税收制度改革。

1981 年开始我国试行增值税、资源税、收入调节税、所得税、调节税、固定资金占用费和流动资金占用费。1983 年 4 月开始进行利改税和工商税制的改革，盈利的国营大中型企业，都按照实现利润的 55% 缴纳所得税，不再缴纳固定资金占用费和流动资金占用费。盈利的国营小型企业，比照集体企业，按照八级超额累进税率缴纳所得税，并按规定缴纳固定资金占用费，不再缴纳流动资金占用费，交税和缴费后实行承包制，由企业自负盈亏。1984 年政府将原来的工商税按纳税对象细分为产品税、增值税、盐税和营业税，对某些采掘行业开征资源税，同时恢复和开征房产税、土地使用税、车船使用税、城市维护建设税等。政府对国有大中型企业征收所得税之后的利润上缴形式改革为征收调节税，按照一户一率的原则，分别核定税率。对国有小型盈利企业改革为新的八级超额累进税率缴纳所得税，不征调节税，将第一步利改税后的税利并存向完全的以税代利过渡，以法律的形式确定国家与企业利润分配关系的基本准则。从 1985 年开始政府不断扩大增值税征收的产品范围，缩小产品税的适用范围。

（2）非税收入制度的变迁

改革开放初期，在政府投资仍是经济发展主要拉动要素的情况下，为了保证财政服务于经济建设这一核心目标，中国采用了包干财政体制，中央财政向地方大幅度分权，允许地方政府和部门开征预算外收入。这一时期预算内收入、预算外收入和体制外收入并存的现象十分突出，在一定程度上导致了政府行为的扭曲。预算外财政收入相对于预算内财政收入的比例由 1980 年的 48.1% 上升到 1992 年的 110.7%，其中三分之二以上的预算外收入由地方财政控制。预算外收入形成一种不受监督、不受控制的预算外预算。

（3）国有产权收入制度变迁

1978 年前后中国国有资产为全民所有，财政收入主要来源于政府控制的资产收益，国有企业收入上缴占国家财政收入的一半，再加上国有企业、集体企业上缴的税收，这些几乎构成了我国全部的财政收入。1978 年年底，中国开始对国有企业试行企业基金、利润留成和盈亏包干办法。1983 年 4 月，利改税改革全面展开，将企业上缴国家的收入改为以税收的形式上缴，税利并存逐步发展为以税代利。1988 年，财政部进行了国营企业税利分流改革试点，即税利分离、税后还贷、税后承包。

（4）公债制度的变化

中华人民共和国成立初期，为了集中资源更快地恢复经济，新中国发行了人民胜利折实公债，但是到 1968 年政府全部还清了过去国内外公债的本息以后，就没有再发行公债。一直到改革开放中国才再次恢复了公债制度，1979 年恢复举借外债，1981 年开始恢复发行内债，1988 年进行国债流通转让试点，1991 年开始承购包销，1993 年建立一级自营商制度。我国的公债制度在这个阶段逐步走向市场化、正规化的道路。

2. 1979 年至 1993 年地财政支出的实践

1978 年以前，在工业化赶超战略下，我国财政支出由政府按照"重轻农"的顺序安排，以重积累轻消费作为指导思想，对民生的投入相对较少。而这种指导思想在保证我国工业化取得巨大成就的同时，也出现了人民生活水平改善缓慢的问题。改革开放以后，财政支出的结构逐步改善，更多的资源被用于民生方面。

从财政支出结构来看，计划经济时代经济建设支出占财政支出总额的比例最高曾达到 66% 以上，而对社会事业发展的投入则明显不足，特别是用于农村社会发展的财政支出很少，用于社会保障方面的开支也很少。以 1978 年为例，财政基本建设支出为 451.9 亿元，占财政支出总额的 40.3%，而文教科学卫生支出为 112.7 亿元，社会保障支出为 18.9 亿元，分别占财政支出总额的 10% 和 1.7%。而到了 1990 年，财政支出基本建设方面的投入下降到 17.8%，文教科卫方面的支出上升到 20%，社会保障支出变化不大（见表 2-1-3）。

表 2-1-3　1978 年和 1990 年中国财政支出结构对比

项目	支出规模/亿元		占总支出比重/%	
	1978 年	1990 年	1978 年	1990 年
总支出	1 122.1	3 083.6	100	100
基本建设支出	451.9	547.4	40.3	17.8
增拨企业流动资金	—	10.9	—	0.4
挖潜改造资金和科技三项费用	63.2	153.9	5.6	5
地质勘探费	820.2	36.2	1.8	1.2
工、交、流通部门事业费	17.8	46.9	1.6	1.5
支农支出	77.0	221.8	6.9	7.2
文教科学卫生支出	112.7	617.3	10	20
社会保障支出	18.9	55	1.7	1.8
国防支出	167.8	290.3	15	9.4
行政管理费	49.1	303.1	4.4	9.8
政策性补贴支出	11.1	380.8	1	12.3

资料来源：根据 2002 年《中国统计年鉴》数据整理。

从财政投资在全社会固定资产投资中所占的比重来看，改革开放后，财政投资的社会固定资产投资比重持续下降，而社会资本对社会固定资产的投资比重持续上升（见表 2-1-4）。

表 2-1-4　全社会固定资产投资资金构成的变化（1976—1995 年）　　　单位:%

时期	国家投资	国内贷款	利用外资	自筹及其他投资
五五（1976—1980）	57.5	4.5	3.5	34.5
六五（1981—1985）	21.5	15.5	4.1	58.9
七五（1986—1990）	10.5	20.3	5.7	63.5
八五（1991—1995）	3.7	22.7	8.9	64.7

资料来源：根据 2002 年《中国统计年鉴》数据整理。

为了促进市场化改革和维护社会稳定，政府大量使用财政补贴的手段。1979—1980 年，政府配合价格调整，逐步放开市场，在大幅度提高农产品收购价，放开农村集贸市场的同时，还通过财政加大了对农业生产资料和农产品收购的价格补贴，对当时的农村社队企业在税收、价格、补贴等方面给予政策优惠。政府还放松了对国有企业工资的管制，普遍实行了奖金制度和副食品价格补贴制度。1981—1990 年，财政价格补贴支出占当年财政支出的比例都在 10% 以上。在财政补贴支出制度的支持下，中国在市场化推进的过程中，保持了社会的安定。1980—1995 年政策性补贴支出见表 2-1-5。

表 2-1-5　1980—1995 年政策性补贴支出　　　单位：亿元

年份	合计	粮面油价格补贴	平抑物价等补贴	肉食品价格补贴	其他价格补贴
1980	117.7	102.8	—	—	14.9
1985	261.8	198.7	—	33.5	29.6
1990	380.8	267.6	—	41.8	71.4
1995	364.9	228.9	50.2	24.2	61.6

资料来源：根据《中国财政年鉴 2007》数据整理。

3. 1979—1993 年地财政体制的实践

改革开放后，包干式的财政分权首先出现在中央与地方的分权上。财政分权刺激了地方的改革积极性，地方政府在这种分权中不断提高自身的财政能力，从而有相当的能力来化解改革带来的问题。在这种财政包干中，地方财政收入的增长大大快于中央财政收入的增长。中央财政收入占国家财政收入的比重，从 1984 年的 40.51% 急剧下降到 1993 年的 22.02%。1994 年以前，我国财政体制频繁变动，政府间财政关系没有一个统一的规则加以约束，讨价还价成为政府间处理财政分配的经常性难题。在改革开放过程中，在原有资源配置方式被打破后，财政制度需要被动适应经济形态的变化。这段时期中国财政管理体制的不稳定助长了地方政府的短期财政行为。虽然政府间财政分配关系通过一对一谈判方式确定了财政包干体制，但是缺乏必要的公开性和控制监督手段，并且由于保护既得利益的原因，从而使得中央政府缺少促进横向公平的财力。

一、新中国财政理论的变迁

1978 年后中国财政制度为配合建设市场经济体制的要求需要做出改变。我国的财政学界学者基于我国财政体制不断探索和实践的经验对相关财政理论进行了探讨，一方面，提出以国家分配论为基础，将利改税财政理论以及放权让利财政理论作为实践指导的理论；另一方面，不少学者开始借鉴西方财政理论，探讨公共财政理论。

（1）从利改税到税利分流

1983—1984 年，我国通过两步利改税完善了税收制度。在我国，国家不仅具有管理经济的职能，也是国家资产的管理者，这种二重经济身份需要通过不同的经济形势得到具体体现：经济管理者的身份通过向各种类型的企业征税来实现，资产管理者的身份则通过国有资产上缴利润来实现。利税合一也称以税代利（利改税），其实质上混淆了国家的两种身份，国家与国有企业的关系也简化为一种僵化的命令与被命令式的关系。这种环境下企业就是国家的附属物，不能成为具有相对独立的经济利益的商品生产者。

利税分流的制度设计思想，具体来说就是通过承包制这种契约合同形式来规范国家与国有企业之间的财产关系。利税分流的思想主张是具体区分国家的政治管理权和财产所有权，区分企业的法人身份和经营者身份。其认为国家应该将国有资产的收益权独立，在此基础上国家利用法定税收制度来保障自己的经常性支出。国家通过对国有资产的利润征税，之后再通过对国有资产的税后利润进行分配的方式来调整企业的生产经营。这种利税分流的思想较好地协调了国家与市场、国家与国有企业之间的关系。

（2）放权让利财政理论

1978 年到 20 世纪 90 年代初期我国财政体制进入放权让利改革阶段，财政管理权的下放成为完善市场经济的突破口。在改革之初，中央政府只能将自己的财政管理权少量下放给地方，并出让部分财政收入在国民收入分配格局中的比例。这种放权让利的改革思路符合财税体制改革的基本方向，即通过中央政府让出财权财力，改变传统的财政体制特征。

在这种放权让利思想的指导下，我国最先选择的财政体制是"分灶吃饭"，将地方政府的责任、权力、利益相结合，调动了地方政府增加财政收入的积极性和发展地方经济的动力，真正实现了发挥中央和地方增加财政收入积极性的基本目的。20 世纪 80 年代，包干制已不适应当时经济的发展状况。在借鉴国际经验的基础上，我国的财政学家们也提出了应将放权让利的财政体制逐渐向分税制的财政管理体制过渡，因为财政体制改革的核心在于如何在特定发展阶段下，较好地协调中央和地方、政府和市场之间的关系来提升经济发展的活力。

（3）其他财政理论

20 世纪 80 年代初，何振一提出社会共同需要论，王绍飞论述了剩余产品分配论。这两种理论都认为：财政是社会发展的产物，目的是满足社会共同需要，这两种理论的逻辑与国家分配论不同。与国家分配论相较，这两种理论认为如果财政以满足国家职能需要进行分配，那么国家可以按照自身的意志安排财政活动。在国家工业化的目标下，政府通过财政集中化去完成此目标。但是如果从社会发展的角度认识财政，将财政视为社会发展的产物，认为财政的目的是满足社会公共需要，那么政府的财政行为应该遵守客观的基本经济规律，按照客观经济规律处理各类经济关系。

面对上述理论质疑，国家分配论也接受了财政要以满足社会共同需要为目的的观点。同时，财政理论研究使人们对财政目的、职能与范围的认识发生了变化：目的方面，财政主体依旧被认为是政府，但财政除满足政府职能外，还要满足社会共同需要；职能方面，财政除分配与监督两职能外，还有调节职能；范围方面，财政范围包括公共财政与国有资本财政，前者由政府主导，后者则主要由企业管理，并逐渐形成双元财政理论。

（三）1994—2012 年的财政理论

1. 1994—2012 年的财政实践

1994 年，中国进行了分税制改革，分税制是一种与市场经济相适应的财政管理体制。中国 1994 年实行的分税制改革，本质上是中央与地方之间财权划分的制度安排，通过分税制改革，地方有了自己的专属税种，意味着地方有了部分中央不能直接干预的税收权力。中央与地方之间的权力关系，不再是单向的命令—服从关系，也不再是通过几年一次，甚至一年一次的谈判实现的契约性关系，而是按照事先规定的制度，来处理彼此间的关系。

传统体制下的分权是在中央与地方之间划分管理权，地方通过分权获得的实际权力再大，本质上也是中央可以随时收回的权力。但是在分税制下所形成的分权，则是地方固定的职权内容。虽然中央政府在这样的关系中仍处于强势地位，但是地方政府已经获得稳定的事权财权。分税制改革既巩固了中央对地方财政的主导权，也保证了地方拥有中央不能直接干预的、合法的属于地方的独立的财政资源；既保障了中央的权威，也在制度上肯定了地方的利益与相对独立性。

但 1994 年分税制改革后的分税制是不彻底的分税制，存在不少问题。一是仍然保留了某些旧财政体制的做法。二是 1994 年的分税制并未划分清晰中央和地方政府的事权、财权。三是分税制改革将原属于地方政府的某些财政收入归于中央，但中央的转移支付模式并未跟进完善，造成了转移支付力度不足。

2. 公共财政理论

公共财政的提法由来已久。改革开放前，人们习惯把资本主义财政称为公共财政。改革开放后，公共财政被认为是符合市场经济体制的财政类型和标志中国财政改革方向的概念。

20 世纪 80 年代学术界关于"公共性"的认知存在差异，导致学术界在很长的一段时间内围绕公共财政的概念、公共财政与国家分配论的关系、公共财政在中国的适用性等问题展开辩论。例如在对 public finance 一词的翻译上，部分学者将之翻译为公共财政是为了与之前的财政进行区别，强调公共财政的公共特征；而另一部分学者认为财政天然具有公共特征，公共财政中公共二字是多余的，这种矛盾来源于双方对公共财政的公共和财政的"公共"理解不同。

在西方公共财政论中，财政公共化是指从家计型财政到公共财政的转变，即从满足君主需要转向满足公共需要、从受君主控制转向受议会控制。而中国的财政公共是财政类型从适应计划经济转向适应市场经济，然而中国计划经济时期的财政，并非西方公共财政建立前的君主制下的财政。因此，中国财政公共化转型过程肯定与西方财政公共化的转型过程不同。

具体来说，1992年中国确立社会主义市场经济体制目标，财政改革从放权让利走向构建公共财政。中国公共财政最初的提出，是为了实现财政支出从注重经济建设的生产建设财政向注重公共物品提供的公共财政的转变。同时，随着财政支出一侧的改革，财政收入与财政制度等也要进行相应的改革。财政收入依据政府活动的公共性质，政府推行税费改革，形成以税收为主的财政收入体系，完善税收制度、推进分级分税财政体制、调整国家与国有企业的关系，并对预算、支出管理、财政机构进行改革。

1995—2000年，随着财政改革的深入，建设公共财政的目标也逐渐明确，学界也逐渐达成共识，将公共财政定义为国家或政府为市场提供公共服务的分配活动或经济活动。1998年，李岚清同志提出建立公共财政。此后，公共财政构建提速，并于2003年初步建成。

随着公共财政实践的深入，我国形成了具有中国特色、中国内涵的公共财政论，其思想内涵可表述为：从计划经济向市场经济转型中，中国财政体制形成了遵循市场机制，满足社会公共需要的财政安排，并集中表现为"取众人财办众人事"的主要特征。公共财政论是对财政公共化下公共财政在理论层面的总结。公共财政论使财政运行格局突破"取自家财办自家事"，国有制财政转向多种所有制财政、城市财政转向城乡一体化财政、生产建设性财政转向公共服务性财政，体现为"取众人财办众人事"的主要特征。同时，财政管理体制突破高度集中。其中，分税制明确中央和地方财政关系，提升政府的宏观调控能力和公共服务水平；现代企业制度明确政府和市场主体的职责边界，政府不再直接参与市场主体的经济活动而是专门负责市场经济的宏观调控。无论是财政运行格局的变化，还是财政管理体制的调整，其核心都是要明确公共财政该管什么和不该管什么。财政从"取自家财办自家事"向"取众人财办众人事"的公共化转变，必然要求财政运行机制要从适用于国有部门内部的旧的制度规范，转变为适用于整个社会的新的公共制度规范，即财政行为从遵循政府意志转变为回应市场要求；从以满足国家需要为目的转变为以满足社会公共需要为目的；从强调政府资源配置的分配、监督和调节的职能，转变为强调政府宏观调控的资源配置、收入分配和维持经济稳定与增长的职能。

3. 其他财政理论

在公共财政体系中，也出现了一些讨论某些具体问题的财政理论。例如21世纪之后，土地的有偿出让率越来越高，土地的有偿出让取代行政划拨成为政府的主要供地方式。有偿出让土地的方式使得土地使用权的市场价格得到了增长，地方政府依靠这种方式所获得的财政资金远高于行政划拨，但这也使得某些地方政府更加依赖土地出让金来满足城市建设的基本资金需求。土地财政也取代其他类型的收入，成为地方财政的主要来源。地方政府对土地财政相关的税收和非税收入的依赖也在持续深化。我国土地财政的形成与我国特有的财政体制密切相关，因此许多学者将土地财政的扩大和发展归结为分税制改革的后果，因为地方政府的财政收入与支出不匹配，所以才寻求土地财政等其他方式来扩充财源。目前我国土地财政的收入完全归属于地方政府，这使得地方政府将土地资源变为事实上的完全归于本级所有，违背了分级管理的制度规定，并且地方政府还鼓励居民参与土地征收出让和抵押融资的经济活动。因此，有学者提出由中央来划分土地财政的收入，对土地财政的收入在各地间实施转移支付，打击土地财政不断增长的趋势。

（四）2013年至今财政理论的创新

2013年，习近平总书记首次提出经济社会发展面临"新常态"。党的十九大报告指出，我国社会主要矛盾已经转化为人民日益增长的美好生活需要和不平衡不充分的发展之间的矛盾。其既体现在物质层面，也体现在政策层面。物质层面的体现包括经济结构失衡、区域发展不平衡、收入分配差距较大等，政策层面的体现包括法治化发展不足、社会建设滞后、生态环境有待改善。两个层面涉及社会经济各个方面，并且其又相互影响，形成错综复杂的局面。这些都意味着我国需要认真应对这些问题，继续建设新时代中国特色社会主义。

党的十八届三中全会通过的《中共中央关于全面深化改革若干重大问题的决定》中被列为专项的"深化财税体制改革"中明确提出"财政是国家治理的基础和重要支柱，科学的财税体制是优化资源配置、维护市场统一、促进社会公平、实现国家长治久安的制度保障。"这是在新的历史起点上，在全面深化改革的背景下，从更高层次和更广阔视野上，对财政地位和作用作出的新论断，将财政提升到基础、支柱、保障的层面，因此该决定对全面落实财政的深化改革以及财政学的建设具有深刻的理论和实践含义。

党的十八届三中全会明确提出："全面深化改革的总目标是完善和发展中国特色社会主义制度，推进国家治理体系和治理能力现代化。""国家治理体系和治理能力是一个国家制度和制度执行能力的集中体现。国家治理体系是在党领导下管理国家的制度体系，包括经济、政治、文化、社会、生态文明和党的建设等各领域体制机制、法律法规安排，是一整套紧密相连、相互协调的国家制度。"

党的十九届四中全会通过并发布了《中共中央关于坚持和完善中国特色社会主义制度、推进国家治理体系和治理能力现代化若干重大问题的决定》。该决定指出要坚定中国特色社会主义制度自信，制度优势是一个国家的最大优势，制度稳则国家稳。中国特色社会主义制度是一个严密完整的科学制度体系，而财政制度是中国特色社会主义制度的重要组成部分。财政在全面深化改革整体中的地位和作用就是基础、支柱和保障，因此要建设现代化的国家治理体系就必须建设现代财政制度。

1. 治理现代化要求下的财政现代化

2013年以后，国家大力推进了财政收支和财政管理体制从公共化向现代化的转型，具体包括：以全面规范和公开透明为特征，构建现代预算制度；以科学发展、社会公平、市场统一为特征，构建现代税收体系；以发挥中央和地方两方面积极性为特征，推动中央和地方事权和支出责任划分。

（1）财政收支内容调整

从财政收入角度看，财政公共化下财政收入是从"取自家财"向"取众人财"转变，构建以税收为主的收入体系。为了实现财政现代化目标，财政收入在税制改革中逐步增加直接税并降低间接税，调整流量性税种并推进存量性税种，优化税收收入结构，使"取众人财"更加彰显公平和正义的原则。

从财政支出角度看，财政公共化下财政支出是从"办自家事"向"办众人事"转变，支出结构从以经济建设为主向以改善民生的公共服务性支出为主转变。在财政现代化目标下，财政支出更加强调保障和改善民生，初步实现全民医保、完善社会保障和就业、推进劳动力自由流动、加强基本住房保障、支持生态环境建设，这些使财政能够更好地"办众人事"。

（2）财政管理体制的调整

从预算管理角度来看，现代财政要求预算管理更加全面规范和公开透明，形成统一的预算管理体系。从中央和地方财政的关系来看，财政公共化是建立分税制，财政现代化则要求以推动基本公共服务均等化为主要方向，缩小区域和城乡差距。

财政现代化以公共化为基础。财政公共化体现出"取众人财办众人事"，其落脚点是适应经济的市场化。财政现代化强调以人民为中心，高度聚焦民生，在"取众人财办众人事"过程中更加注重公平和正义的原则、更加强调全面规范和公开透明、更加彰显财政的公共性，其落脚点是适应国家治理现代化。

2. 现代财政理论的构建

财政现代化的转型和现代财政制度的构建，需要新理论的指导和解释。中国学术界围绕财政理论创新进行了讨论，相关研究从多个思路出发，包括国家治理现代化（高培勇，2014）、包容性增长（楼继伟，2015）、社会共同需要（李俊生，2017）、协调多重矛盾（傅志华 等，2018）、公共秩序（吕冰洋，2018）、公共风险（刘尚希 等，2018）和人本范式（刘晔，2018），形成了多种国家治理的理论框架。

围绕国家治理理论的创新，当前学术界达成了两点共识：其一，反思将财政局限于经济学范畴，提出要将财政置于国家治理体系范畴下重新定义财政；其二，反思公共财政论中将市场失灵作为财政的逻辑起点，提出要以新的逻辑起点去认识财政。同时，国家治理论对财政的主体、职能、学科体系、理论体系进行重新界定：财政主体从政府作为单一主体集中组织财政活动，转变为由政府、企业组织、社会组织和居民自治组织在互动的基础上推行财政活动；以国家治理论重新界定财政职能——优化资源配置、维护市场统一、促进社会公平和实现国家长治久安；财政的学科体系从经济学科，转变为以经济学为主导、综合多学科的综合性学科；财政理论体系从以弥补市场失灵为逻辑起点，转变为以满足国家治理需要为逻辑起点。以建立国家法治理论为目标，提出的关于财政概念、逻辑起点、职能、主体、学科体系和理论体系转型的理论创新，是财政现代化下现代财政的具体体现。而现代财政要求国家不能仅仅关注发展成果的再分配，还要保障发展机会的创造，争取使每一个普通大众都能够获得公平的发展机会，即形成以人民为中心，更加彰显民生、更加注重公平和正义的原则、更加强调全面规范和公开透明的运行格局和管理体制，推进国家治理现代化的实现。

随着我国国力的发展，财政现代化不但要注重国内的财政实践，也要关注国际财政实践。2013 年，习近平总书记提出的"一带一路"倡议成为我国在 21 世纪重要的对外开放构想。之后，大国财政逐渐成为财税学者关注的焦点。大国财政要求我国的财政制度建设应增强集中性和可持续性。财政的集中性能够保证中央政府在获取财政资源的同时在全国各地合理进行资源的配置，实现区域间经济发展的公平性。财政集中性的另一层含义是要让目前分散的财政功能重回财政部门，真正使财政在推进国家治理能力现代化的进程中发挥作用。财政的可持续性则是指要在包容性增长的思想指导下，保障经济发展结果的普惠性和经济发展机会的公平性，使每个人都能够公平发展。这就要求我国企业要更加积极地走出去，我国政府要以开放的态度开展国际交流合作，通过结合国际税收协定网络来充分支持我国外向型经济的发展，增强我国在国际经济活动中的财税主权和财税话语权。

中华人民共和国成立以来，中国始终在积极探索回答财政如何实现国家治理的核心问题。不同的历史时期，国家治理目标分别聚焦于国家工业化、经济市场化、国家治理现代化。而中国的财政理论研究和创新都是基于国家治理目标的需要，立足于不同的财政实践，以解决中国实际问题为研究起点，形成了立足于中国财政实践的具有主体性和原创性理论研究成果。

二、

财政支出相关理论创新

（一）基本公共服务均等化研究

德国社会政策学派的杰出代表阿道夫·瓦格纳首次提出了基本公共服务的概念，并将提供基本公共服务视为政府的职责。此后，西方经济学家和社会学家开始从不同方面对公共服务进行研究。萨缪尔森（Paul A. Samuelson，1954）认为，政府行使职能转变的目的之一就是实现公共服务均等化。詹姆斯·M. 布坎南（James M. Buchanan，1950）从财政剩余的角度分析公共服务均等化的思想。罗伯特·诺齐克（Robert Nozick，1974）在《无政府、国家和乌托邦》中认为，公共服务需要保障程序和权利公平，要求政府承担起重要角色；保障社会公正的实现是政府的有效作为。

国内学者针对公共服务与基本公共服务均等化的研究形成了许多理论成果。

1. 基本公共服务均等化的内涵

首先，从政府供给角度解释基本公共服务均等化的内涵。中国财政学会课题组认为，公共服务均等化是公共财政公共性的重要体现，是公共财政一视同仁服务特征的延伸，是公共财政职能的深化。中国宏观经济研究院课题组把全国性基本公共服务均等化界定为，中央政府通过制定相关基本公共服务国家标准（设施标准、设备标准、人员配备标准、日常运行费用标准），在财政上确保负责提供服务的地方政府具有均等支付这些基本公共服务的能力，确保社会、政府、服务机构不存在偏见、歧视、特殊门槛的前提下使每个公民不分城乡、不分地区地能够有机会接近法定基本公共服务项目的过程。丁元竹认为，公共服务均等化是公民享有公共服务机会的均等，其本质是中央政府通过制定有关的基本公共服务政策和标准，在确保地方政府财政能力均等的前提下，保证供给者在供给公共服务过程中使每个公民都能够有机会接近法定基本公共服务项目。邱霈恩认为，基本公共服务均等化是政府公共财政的基本目标之一，政府财政能力均等化既是实现基本公共服务均等化的基础，也是财政体制改革的推进与深入。王志雄从两个方面进行了研究：一是通过加强公共财政制度建设，实现基本公共服务均等化。这是财政体制改革由建设性财政向民生型财政转变的实质内容，是对公共财政理论的细化与深化。二是通过基本公共服务的均等化使每个社会人享有最基本的权利并均等地享有社会经济发展的成果等，推动中国的财政分配由过去的效率优先、兼顾公平的思路转向公平和效率并重，这有助于明确财政体制改革的方向与重点。

其次，从社会需求角度来理解基本公共服务内涵。安应民指出，基本公共服务是指建立在一定社会共识基础上，根据一国经济社会的发展阶段和总体水平，为维持本国经济社会的稳定、基本的社会正义和凝聚力，保护个人最基本的生存权和发展权，为实现人的全面发展所需要的基本社会条件。丁元竹、卢小君等是从基本的公共服务项目包括社会扶助与救济、养老保障、基础教育、公共卫生、公共文化服务方面进行了研究。

最后，从公民需求角度理解基本公共服务内涵。唐钧从基本公民权利的角度进行分析和研究，认为政府与社会需要保障公民的生存权、健康权、居住权、受教育权等基本公民权利，基本公共服务均等化就是为了保障人们基于这些基本权利的基本需求。尹彦文、葛琳玲基于我国的现实国情，研究以为基本公共服务的目的是保障全体公民最基本的生存权和发展权。常修泽、刘佳萍认为基本公共服务具体可以从全民享有公共服务的机会和原则均等、结果应大体均等、尊重民众的自由选择权三个方面来理解。

2. 基本公共服务均等化的现状研究

通过对城乡间、区域间、不同群体间公共服务均等化的状况进行研究，学者们一致表明公共服务在这些领域中都存在着非均等的状况，并且到目前为止，此状况仍然是解决基本公共服务均等化问题的重点。

（1）城乡间基本公共服务不均等

从胡仙芝、车艳秋的研究中可以看出，我国基本公共服务不均等的主要表征是城乡之间基本公共服务的水平差距较大，农村始终成为基本公共服务的洼地和薄弱环节，农民成为基本公共服务均等化呼声最高的群体。

吴根平、姜晓萍认为，由经济不均等发展造成的城乡收入分配差距拉大，直接导致了城乡发展的不平衡，造成农村基本公共服务严重短缺。

韩增林、李彬、张坤领、杨洋等学者指出，这种不均衡主要体现在教育、文化、基础设施、医疗卫生、社会保障和信息化服务等方面。从我国基本国情来看，这些领域存在的城乡发展的不均衡仍是当前我国亟待解决的重要课题。

（2）区域间基本公共服务不均等

刘琳指出，东西部经济发展水平差距较大，东西部的基本公共服务水平存在着明显差距，国家应着力提升整体的公共服务水平。

郁建兴认为，财力相对丰厚的经济发达地区，往往能够提供相对充足和水平较高的基本公共服务，这也造成了比较显著的基本公共服务供给的区域性差距。

罗哲、卢小君、张新宇的研究表明，在公共教育服务领域、社会保障领域、公共文化服务等方面，区域间公共教育服务水平差距较大。社会保障水平差异也非常明显，且东部最高、中部次之、西部最低。

二、财政支出相关理论创新

常忠哲、丁文广认为,虽然以缩小区域差距为目标的基本公共服务均等化进程明显加快,但是区域间的基本公共服务依然存在显著的差距,中、西部的基本公共服务整体水平明显低于东部。

(3) 不同群体间基本公共服务不均衡

胡仙芝指出,不同社会身份、不同群体间的基本公共服务分配差距始终存在,比如男女性别间、不同年龄段间等,其中,弱势群体尤为显著。

郁建兴认为,受发展理念的影响及财权不充分的属地化基本公共服务供给模式,导致了各级政府的基本公共服务投入和供给的严重不足,从而大大降低了基本公共服务的普遍性,大部分贫困群体、转移劳动力等都处于基本公共服务供给的边缘地位。

孙德超、毛素杰是以占弱势群体比重较高的农民工群体为例,研究发现农民工群体在就业、子女义务教育、社会保障、基本医疗卫生等方面享有的基本公共服务水平远低于城镇职工。

(4) 基本公共服务的财力保障不均等

基本公共服务的财力保障不均等的相关研究主要包括以下两个方面:一是从政府财力保障的两个不同的截面来进行分析。从横向分析来看,在各省之间以及各省市之间,基本公共服务的财政保障与经济发展水平趋势保持一致,并呈现出“富则多,穷则少”的特征。而从纵向分析来看,政府用于基本公共服务的财政投入与实际财政能力,在不同级次间呈反比关系,且大多数的基本公共服务支出是由地方政府来承担的。二是从使用效率方面来进行探讨。在政府方面,基本公共服务均等化相当于支出财力的均等,但从公众方面,基本公共服务均等化意味着基本公共服务在全国不同地方不同阶层的社会公民中都需要是均等的。换句话说,由于资金使用效率的不同,即便各地财政支出均等,也会导致完全不同水平的基本公共服务。

3. 城乡基本公共服务均等化的测度研究

学者们对各地区进行比较分析的实证研究较多。如以各地区为研究对象方面,王悦荣运用基尼系数和变异系数研究广东基本公共服务均等化水平。王波在城乡基本公共服务均等化指标体系的基础上,运用熵方法测算了 31 个省(自治区、直辖市)涵盖了 42 个基础指标的城市、农村基本公共服务指数。刘桂琼以成都市三圈层为例,构建了 10 个单项指标的城乡基本公共服务均等化水平指标体系,并用综合评价方法对 2009—2013 年成都市三个区县的基本公共服务均等化水平进行测算。整体来看,我国基本公共服务具体到各地区均等化水平的差异仍然较大。

以全国为研究对象的实证研究中,田发、周琢影运用泰尔指数法测评了全国各区域基本公共服务均等化状况,发现基础教育、医疗卫生的均衡效果好,社会保障和基础设施的均衡效果一般。

林阳衍、张欣然等学者从基础教育、基本医疗卫生、环境保护和基础设施四大方面构建我国基本公共服务均等化的指标体系,并运用验证性因子分析法(CFA)对 2003—2010 年 198 个地级市(涵盖有代表性的 22 个省份)的城乡基本公共服务均等化水平进行测算。林阳衍、张欣然、刘晔采用基尼系数法对全国 198 个地级市进行分析,结果表明我国基本公共服务均等化水平总体平稳上升,但呈现自东向西逐步递减趋势。

魏福成、胡洪曙对各省份基本公共服务供给均等化情况采用综合评价法进行实证研究，结果表明基本公共服务总体均等化水平偏低，但均等化程度稳定上升，其中医疗均等化程度较高，环保均等化程度偏低，社会保障与就业、公共文化、教育和交通运输均等化程度低。任远从基础设施建设、社会保障和社会发展三大方面构建了我国基本公共服务均等化发展评价指标体系，并运用层次分析法对我国各地区基本公共服务发展指数进行测算。整体来看，我国总的基本公共服务正在向一个更加均衡的方向发展，基本公共服务均等化水平在不断上升，但其水平总体上呈现不平衡状态，部分指标的均等化程度依然很低。乔路明、赵林等采用超效率 DEA 模型对各省份基本公共服务供给效率进行研究，结果表明供给效率在空间格局上不均衡，并呈"U"形变化趋势，各省份绝对差距和相对差距均呈扩大态势。

也有部分学者通过对社会公众的心理感知与评价的调查，对基本公共服务进行定性研究。谢星全通过对全国基本公共服务满意度调查数据进行方差分析得出，社会公众对基本公共服务满意度整体水平不高，资源配置和享用普惠存在明显不均衡问题；资源配置在地区分布上差距较大，东部地区较东北、西部和中部地区更为充足均衡，普惠程度更高。东部地区居民对公共服务需求已由数量转变为质量，西部地区居民对基本公共服务仍处于数量的需求层面。

4. 公共服务均等化的路径研究

（1）城乡基本公共服务均等化路径研究

对于消除城乡间公共服务非均等化的问题，潘悦、祝尔娟指出，新型城镇化进程中实现基本公共服务均等化的途径主要是发展城镇中小企业和第三产业，转变农民工身份，逐步使社保统一化，明确政府主体责任，使公共服务供给方式多样化。

唐大鹏认为，应该完善农村全民健身服务机制，保障农民健康需求；建立稳定的公共危机治理机制，增强农民归属感；构建城乡居民信息服务平台，扩大农民对外交流渠道；推进城镇社区文化建设，实现城乡居民整体素质均衡提升；健全城乡公共文化服务供给机制，实现城乡公共文化服务均等化。

刘妮娜、刘诚认为，对于推进城乡公共服务均等化，大城市、发达地区应该继续依托城市户籍制度，而小城镇、欠发达地区可推行人口常住化，农业转移人口与城市流动人口应一分为二考虑，最后进一步分析了不同类型地区、城市的基本公共服务路径。

余佶、余佳、党秀云、彭晓祎认为，我国应明确城乡基本公共服务在政府间财政支出的责任划分，健全中央与地方财权与事权相统一的体制；引导社会资本和社会组织进入城乡基本公共服务领域，增加基本公共服务的供给主体，提升供给效率；创新土地管理与户籍管理制度，扫清城乡基本公共服务均等化的制度障碍。

杨喜、王平认为，我国应加大户籍制度改革力度，完善基本公共服务均等化的公共财政体系，创新基本公共服务供给模式，引入多元供给机制，建立城乡基本公共服务均等化的绩效评估与监督机制。

（2）区域基本公共服务均等化路径研究

楼继伟认为，我国政府财政政策对基本公共服务与区域经济发展起到了促进作用。

一方面中央通过分税制财政体制集中财力，加大了对落后地区的转移支付力度，促进了地方基本公共服务能力均等化，缓解了区域经济发展的不均衡。此后中央改进了转移支付制度，减少了财政资金分配随意性，保障了地方政府运转财力，调节了地区之间经济差异、推进了基本公共服务能力均等化。另一方面，财政扩大了社会性支出，增加了民生投入，推动了社会全面进步，促进了基本公共服务均等化，形成经济与社会良性循环新格局。

（二）公共产品供给和财政支出绩效问题研究

财政支出绩效管理是基于财政支出效率而又超越财政支出效率的研究范畴，其核心内容是政府资源配置问题，最终目标是有效供给公共产品。因此国内外学者在研究财政支出绩效管理的时候往往将财政支出绩效视同公共产品供给效率，按照公共产品配置效率和公共产品生产效率的研究脉络从多角度进行研究。

我国财政支出绩效管理正处于起步和发展阶段，国内政府、研究机构和专家学者对财政支出绩效管理问题的研究可以划分为财政支出绩效预算和绩效评价两方面。

1. 绩效预算

财政部预算司认为绩效预算是一种以目标为导向的预算，它是以政府公共部门目标实现程度为依据，进行预算编制、控制和评价的一种预算管理模式。在绩效预算管理中，预算支出绩效评价作为一种管理控制工具，属于绩效预算管理中的核心问题。

吴俊培认为，绩效预算存在三方面的替代关系：一是政府和市场之间的绩效替代关系；二是公共部门之间的绩效替代关系；三是公共部门内部的绩效替代关系。第一方面问题属于广义的绩效预算，其不是通常意义上的绩效预算，而是探讨由政府还是由市场进行资源配置。第二方面问题是在政府和市场关系既定的前提下如何对各公共部门分配预算资金。预算是由政府编制的，也是由政府执行的，但从预算决定角度看，并不是由政府单方面决定的，政府预算是由部门预算汇编而成的。预算资金在不同部门间的分配对预算绩效具有决定性的影响。第三方面问题是在部门预算资金一定的前提下对部门内部的公共部门的资金分配，不同的分配具有不同的预算绩效，因此也要对政府各部门的支出绩效进行评估后择优确定。

贾康认为，绩效预算具有三方面特性：①绩效预算是一种新式预算理念，需要将拨款与绩效相联系的预算理念落实到预算编制过程中；②绩效预算是绩效核算，需要从资金使用角度来规划、评价政府部门在预算年度内取得的绩效；③绩效预算体现以民为本的执政理念，预算资源的使用必须产生社会公众所需要的社会效益，并非政府认为应该取得的效益。概括地说，绩效预算变化是预算理念和预算过程的变化，预算编制方法变化只是绩效预算实现方式所采取技术手段的变化。

白景明认为全面认识绩效预算必须把握五个重点问题：①绩效预算的核心是把绩效管理引入预算管理，而不再纠结于绩效预算的理论模式是否能在管理实践中彻底落实；②绩效预算的宗旨是实现预算管理科学化，绩效预算就是要用制度管钱、用客观依据管钱、用事实判断管钱，其突出表现是以评价结果来确认支出合理性，减少人为干预因素；③绩效预算是在原有预算制度基础上发起的改革，在投入导向性预算向结果导向性预算的制度变迁中，原有的支出标准化理念和规则发挥巨大作用；④绩效预算最大的作用是推动行政管理体制改革深化，各国经验表明采用绩效预算后，政府部门办事效率和服务质量明显提高，能够主动根据民众意愿调整公共产品供给结构；⑤绩效预算属于分权化预算，从政治管理体制角度看，预算管理权要在立法和行政两大系统之间划分。从行政管理体系内部看，预算管理权需要在政府顶层和政府部门之间划分。

卢宏友认为，绩效预算是所有致力于将预算投入与预算结果相挂钩的制度的统称，它追求将市场经济效率、效益、价值观念引入公共部门活动中。首先由执行部门设计一项活动或项目所要达到的目标；其次由政府会计、审计和相关部门会同社会外部机构、公众等评估项目或活动的绩效，将绩效信息引入预算决策过程，确定达到这一业绩所需要的拨款；然后强化事中对项目绩效持续动态的跟踪考核评估；最后通过定量与定性指标对项目最终绩效进行考核，并将考核结果作为未来预算申请的重要参考。

2. 财政支出绩效评估

目前对于政府财政支出绩效（效率）的研究主要集中在财政支出效率评价的方法、公共财政支出效率影响因素等方面，研究的方式既包含定性分析的研究，也包含定量实证的研究。

（1）财政支出绩效的界定

吴俊培认为，财政支出效益实际上就是财政支出效率，我国理论工作者和实际工作者之所以称其为效益而不是效率，基于以下两点理由：一是效率的分析方法是成本—收益分析方法，而财政支出的成本—收益难以界定；二是效率表现形式是成本—收益的比较关系，成本和收益都是以价格的形式直接表现出来的，而财政支出的成本和收益并不都能以价格的形式直接反映。其根源在于财政支出的成本和收益具有经济外部性，因此财政支出效益和市场经济领域的效率概念在本质上是一致的，都要符合帕累托效率的本质要求。财政支出效益是涉及整个社会的发展问题，需要从长期的、广泛的角度进行评价。

马国贤认为，所谓预算绩效评价，是指政府的财政部门根据财政效率原则，借助于绩效指标，按一定程序和标准对公共支出做出客观、公正的评议和估价。他从四个方面对该定义进行解读：一是绩效评价的主体是政府的财政部门，财政部门有责任弄清公共资金绩效，以合理分配资金，绩效评价以政府名义进行，财政部门是组织者；二是评价对象是公共资金，使用公共资金都应该接受绩效评价，因而对公共资金的绩效评价既包括对行政事业单位支出的绩效评价，也包括对国有企业的绩效评价；三是绩效评价必须按照既定的原则和程序进行，财政效率不同于行政效率和经济效率的效率标准，因而绩效评价必须按照科学的程序和标准进行，以保证评价结果的客观、公正；四是绩效评价是对公共支出效果进行评议和估价的制度，目的是回答"政府花的钱是否值得"。

财政部预算司认为，所谓预算支出绩效评价，是指运用一定的考核方法、量化指标和评价方法，对部门绩效目标的实现程度，以及为实现这一目标安排预算的执行结果所进行的综合性考核与考评。其目的是通过对部门绩效目标的综合考评，合理配置资源、优化支出结构、规范预算执行，提高预算资金使用效益和效率。

安秀梅认为，政府公共支出绩效是指通过一定公共财政资金投入所获得的社会绩效、经济绩效和政治绩效。经济绩效是通过公共支出从数量和质量、规模和结构、生产力和生产关系等方面推动国家经济发展的成效。社会绩效是通过公共支出推动社会各项公益事业发展和进步的成效。政治绩效是通过公共支出推动国家政权建设、国防建设、提高政府执政能力和社会公信力的成效。

张雷宝认为，公共支出绩效是指公共支出所引致的一系列结果，且这些结果与公共支出的绩效战略目标、公共满意度、公共资金投入等关系最为密切。公共支出绩效具有如下特点：一是公共支出与政府支出既紧密联系又有显著区别；二是公共支出绩效必然注重结果导向；三是公共支出绩效是一个相对概念；四是公共支出绩效在本质上取决于公共责任的强弱程度及其传递过程。

（2）财政支出效率评价

在对公共财政支出效率评价方面，Eeckaut 借助 DEA 分析方法，通过收集比利时近 600 个不同地方政府的数据，对这些政府的公共支出效率展开评价。其在评价过程中选择公共财政支出总额作为基本投入指标，同时选择生活福利、中学生数量、城区道路面积、社会犯罪率、人口总数作为产出变量，评价结果发现比利时整体的公共财政支出效率相对偏低，需要改进。

与国外学者的研究相比，我国学者对于公共财政支出效率方面的研究起步较晚。在对公共财政支出效率的评价方面，2005 年陈诗一、张军使用 DEA 实证的方法，对我国 27 个省级地方政府改革开放之后的公共财政支出效率展开了评价，选择以公共财政支出作为投入指标，以医疗、教育、社会公共设施三个指标作为产出变量对公共财政支出效率进行测算。结果发现，我国的东部区域具有更好的公共财政支出效率，同时地方人口、居民教育水平等因素对于公共财政支出效率有正向影响作用。

2009 年刘振亚对公共卫生、经济发展、社会管理、基础设施、教育水平等多个大类，进行了产出变量的子类划分，构建了以人均预算内外财政支出总和等为核心的投入指标体系，对我国各省级地区公共支出效率进行评估，并发现安徽、河南等省份的公共财政支出效率最高，而上海、广东等省份的公共财政支出效率最低。

在对公共财政支出效率的影响因素研究方面，张峥、王彪等学者发现区域位置、政府规模对于公共财政支出效率具有明显的负向影响性，而人口密度、区域市场化水平、区域经济发展水平则与公共财政支出效率具有明显的正向影响性。一些学者在测算时发现区域人均 GDP、财政自主性以及人均预算内财政收入都和地方政府公共财政支出效率有明显的负相关关系，区域人口密度则与地方政府公共财政支出效率有明显的正相关关系，并在此基础上发现我国中部地区的地方政府财政支出效率明显高于东部及西部地区。还有一些学者通过测算某个地区的公共支出效率发现除去人均收入、人口密度等因素以外，一些特殊的因素也会影响到公共支出效率。近年来，很多学者使用 DEA 等方法针对具体省（区、市）的公共支出或者具体某一类支出进行支出绩效的研究，并针对性地提出相应改进意见。

三、新时代税收理论创新的必要性

　　理论的生命力在于创新。改革开放四十多年的经验表明，理论创新对实践创新具有重大先导作用。重大的理论创新，往往都能推动经济社会发展实现新的历史跨越。按照计划，"十四五"时期我国要建立健全有利于高质量发展、社会公平、市场统一的税收制度体系，优化税制结构。进入新时代，税制改革面临新挑战、新要求，我国要在总结过去经验的基础上，以党的二十大精神为引领，坚持以人民为中心的发展思想，继续在推动高质量发展、锚定绿色发展、促进共同富裕目标实现方面有所作为。

　　税收作为财政收入的主要来源，不仅承载着汲取社会资源和调控经济运行的职能，也反映了在既定国家管理能力的历史背景下，各级政府、利益群体和社会成员之间基于税收征纳而形成的互动关系。如何使政府的征税行为更好地适应国家治理体系和治理能力的现代化要求，是建立现代财政制度必须考虑的问题。既有文献表明，目前的研究更多地将税制改革视为一个技术问题，主要探讨税制要素对财政收入、经济活动主体行为以及宏观经济的影响，而对税收政策制定和实施过程中各参与主体之间互动关系的讨论则相对有限。这些成果为理解现代财政和完善税收制度提供了诸多启示和研究参考，但是对于现代国家治理框架下税收的职能作用、税收征纳关系的构建、政府间税收划分和国际税收竞争等问题，既有理论未能有效对实践提供指导，我们需要构建一个更为系统和完整的分析框架。新时代税收理论创新作为一项基础理论研究，以现代财政和国家治理为主线对既有税收理论体系进行审视、拓展和完善，不仅可以为建立现代财政制度提供理论支撑，还将为更好地发挥税收在推进国家治理体系和治理能力现代化中的职能作用，为增强社会成员的国家意识、法治意识和社会责任意识提供决策参考。

四、

税收理论体系创新研究的主要结论

（一）现代国家强调税收的治理职能

20 世纪 90 年代以来，我国理论界逐步接受了马斯格雷夫构建的传统财政理论体系，将税收职能限定为取得财政收入、优化资源配置、调节收入分配和促进经济稳定。值得注意的是，在政府、利益群体和社会成员等多元主体通过正式和非正式制度共同进行社会管理的过程中，税收也在保障社会成员参与公共决策、培养社会成员的社会责任意识、改善政府对社会成员需求的回应性和负责性等方面显现出越来越重要的作用。在社会成员广泛参与公共政策的制定和完善的情况下，将税收定位于政府以社会福利最大化为目标筹集财政资金和调节经济运行的经济手段，忽视税收所具有的政治功能和社会属性，不仅无法体现各级政府、社会成员和利益群体等国家治理主体间的互动关系，也易于导致理论分析结果及相关政策建议偏离现实需要的窘境。可见，对现代国家治理中税收职能的分析不应局限于社会资源由私人部门向公共部门的转移及其对各经济活动主体产生的影响，还有必要考察国家治理的各参与主体在税收征纳关系形成和完善过程中的作用。

国家治理能力至少取决于两个维度的因素：一是政府对公共需求的回应性，也就是政府能够在多大程度上满足社会成员的公共需求；二是政府对社会成员的负责程度，即政府能否通过各种制度化的安排解决国家权力的使用问题并基于社会成员对政府行为的评判扩大或削减这些权力。这两个因素决定了政府行使包括提供公共服务、制定公共政策、解决各方矛盾等在内的国家权力的能力。税收征纳关系的建立为政府和社会成员提供了进行税收协商并达成财政契约的途径。由于取得收入的压力使政府对公共需求更加关注，其回应性和负责程度随之提高，社会成员依据法律缴纳税收，补偿公共产品和服务的成本。从国家治理的视角看，在税收征纳关系确立、税款征收及使用过程中，通过政府与社会成员的有效互动，完善公众的意愿和偏好表达机制，提高公共部门对社会成员需求的回应性和负责程度，培养公众的国家意识和税收道德水平，推进国家治理水平和治理能力的现代化，是税收应具有的重要职能。

（二）征税须经代议机关同意是现代国家
税收确立方式的本质特征

从历史上看，成熟形态的税收在确立方式上大体可以分为专制课征和立宪协赞两种。专制课征是指在征税时无须取得社会成员的同意；相反，立宪协赞则要求征税必须经过代议机关批准。税收依据观的差异、对传统文化的路径依赖以及征纳双方的力量对比是影响税收确立方式的主要因素。按照传统"普天之下，莫非王土；率土之滨，莫非王臣"的观点，国家拥有凌驾于个人财产所有权之上的最高财产所有权，据此可以向社会成员征税而无须说明理由。反之，如果将政府与社会成员之间的互利关系作为税收依据，国家就需要对征税的必要性进行讨论。这种基于征纳双方互利关系的税收依据观为推行立宪协赞的税收确立方式提供了广泛的政治基础。我国自古以来形成的"家国同构"和"家国一体"的传统文化强调子女对家长的顺从和臣民对君主的服从，使得专制课征成为贯穿整个封建社会的税收确立方式；相反，通过立宪协赞约束征税主体行为的税收确立方式萌生于契约和协商的文化习俗，显著提高了政府的回应性和负责程度。如果社会成员缺乏独立的经济地位和政治权力，政府征税的阻力就会变小，专制课征的税收确立方式也具稳定性。当社会成员脱离了与国家之间的人身依附关系，税收成为一种完全基于私人产权的征收，由社会成员代表组成的代议机关在税收征纳关系的确立中起决定性作用时，社会成员的赞同纳税权和用税监督权才真正得以确立。

立宪协赞在国家治理中的作用不仅表现为政府与社会成员之间基于税收要素的协商而达成相对稳定的财政契约，还会促进公共部门负责程度和财政资金使用效率的提高。为了强化自身在税收征纳关系中的协商能力，政府往往倾向于采用将更多资源收归国有的方式扩大对社会资源的控制权。值得注意的是，在现代国家治理中，这种做法面临着竞争约束和交易费用的限制。竞争约束是指政府对社会资源的过度控制可能导致资本外流和竞争对手的政治联合，交易费用则包括税收征纳关系构建过程中发生的协商成本、税基的测量成本以及辨识纳税人行为的信息费用。实践表明，建立代表性更为广泛的代议机关是降低交易费用的有效机制。为此，很多国家都十分重视社会成员意愿表达机制的建立和完善，通过切实扩大公共决策参与权，使社会成员的意见更为充分地转变为政策决定，最终实现提高整个社会税收道德和遵从水平的目标。

（三）社会成员对社会运行体系
和政府行为的感知影响税收遵从水平

传统税收征管理论认为，纳税人依法履行纳税义务的前提是税务机关采取稽查和处罚等威慑措施。相应的，税收不遵从也被划分为无知性税收不遵从、自私性税收不遵从和对抗性税收不遵从三类，税务机关则采用"服务+执法"的方式，通过税务服务、税收监控和处罚等征管措施予以防控。尽管传统税收征管理论基于收益分析搭建了税收遵从问题的研究框架，但也存在着对纳税人行为和税务机关应对策略的解释偏离经验观察的问题。这种偏离很可能源于传统税收征管理论在税收遵从模型的构建中忽视了某些核心要素，从而导致基于该模型的经济计量分析结果与实际情况存在一定的差距。

实际上，纳税人不仅关注个人的经济利益，还会对税收制度的形成过程、社会效应以及政府部门的行为方式形成评价和感知，这些评价和感知同样会对其遵从意愿产生影响。首先，对社会运行体系公正性的认知会影响社会成员的遵从意愿。如果社会成员认为自身处于公正的社会环境和制度体系中，其遵从意愿也会相应提高。税收依据的公正性、税收负担分配的公平性、与社会道德理念和价值观的契合性，都会影响社会成员对公正的认知。从税收依据上看，如果社会成员从政府提供的公共产品中获得的收益随着税负的提高而增加，其遵从意愿也相应提高。有关税收负担分配公平性的研究表明，不公平的税制会激励社会成员产生逃税的想法。如果税收制度的设计违背特定群体的价值观念，就有可能引起这些群体的不遵从行为。其次，纳税人的遵从意愿也会受到政府行为规范性的影响。基于非正式规则而不是法律规范的政府行为容易使纳税人形成不公平的感受，对税务管理人员腐败行为的质疑也将导致纳税人税收遵从水平的下降。最后，财政透明度和支出效率也会对纳税人税收遵从水平产生影响。社会成员了解政府支出方向的前提是财政透明。如果政府支出的相关信息难以被社会成员知晓，或者社会成员对政府支出效率的评价较低，就会对税收遵从水平产生不利影响。

（四）现代国家治理下的政府间
税收划分须考虑各级政府的支出需求

传统分税理论指出，政府间财政职能的合理分配是税收划分的前提。税收作为公共产品和服务的成本主要来源，各级政府的税收应当与其支出需求大致匹配，以避免形成明显的公共收支缺口。收入分配职能和稳定经济职能应由中央政府承担，而资源配置职能应由中央和地方政府共同承担。划归中央政府的税种应包括有利于宏观经济稳定、具有累进性和再分配作用、税基在各地分布严重不均的税种，税基在地区间流动性较差的税种划归地方，受益税和使用者收费适用于中央和地方各级政府。传统分税理论的贡献是探讨了基于财政职能不同税种在各级政府间的划分原则，但其局限性同样不可忽视。一方面，传统分税理论主要基于经济视角，假设各级政府在履行财政职能时始终以社会福利最大化为目标，而对各级政府基于自身利益而采取的策略性行为关注不足。在以参与主体多元化为特征的现代国家治理背景下，政府间税收划分不仅仅是公共资源在各级政府间进行配置的实现方式，也体现了不同治理主体间的利益分配过程。因此，忽视地方政府的利益诉求很难保证分税的结果与社会福利最大化的目标相契合。另一方面，传统分税理论隐含着中央政府的政策目标优先于地方政府的假设。但在现代国家治理体系中，地方政府和辖区居民同样可以通过参与公共事务表达自身的意愿。地方政府对辖区居民需求的回应很可能与中央政府的目标存在差异，因为各地居民对公共产品和服务的偏好很难与中央政府的目标完全一致。这一假设忽视了地方居民在现代国家治理中的作用，在实践中不仅导致了地方税收难以满足辖区支出需要的问题，也阻碍了辖区政府治理能力的提高。

政府间税收划分应当充分考虑中央以下各级政府的支出需求，以便更好地发挥各级政府在国家治理中的优势，形成财力与支出责任相适应的财政收支安排。首先，明确转移支付的职能定位是合理划分税收的前提。与上级政府拨款相比，辖区居民缴纳的税收有助于促使地方政府在作出财政决策时充分权衡成本与收益的关系，提高负责性和回应性。因此，用于满足辖区支出需要的财政资金应主要由辖区居民通过纳税的方式负担，转移支付用于弥补横向财政缺口，以实现均等化的目标。其次，政府间税收划分应基于中央与地方政府的支出需要，与各级政府的支出责任相适应，从而使地方政府更好地履行职能，避免因税收收入不足而导致行为异化。

（五）现代国家的征税行为影响生产要素流动

传统国际税收竞争理论的贡献在于揭示了他国税率的变化对本国生产要素流动的影响，但也存在着以下局限。首先，传统国际税收竞争理论主要关注所得税和财产税对流动性要素的影响，但实际上一国税负水平的高低是税收制度中所有税种共同作用的结果，商品税同样不可忽视。其次，传统国际税收竞争理论聚焦于考察税率变动对税基规模的影响，对财政收入结构和公共资金使用效率的分析略显不足。实际上，除税收外，作为财政收入的组成部分，非税收入同样会增加社会成员的经济负担，从而影响生产要素的流动。最后，传统国际税收竞争理论基于经济视角分析税收竞争的动因和效应，缺乏对税收决策所依附的政治机制的考察。在政府和社会成员共同解决社会问题的现代国家治理背景下，税收制度的设计和完善通常是由政治程序决定的。因而，对国际税收竞争的考察也不应仅限于调整税率或采用相关税收优惠政策。

实际上，从现代国家治理的视角看，国际税收竞争不仅影响社会成员对税收依据的认识、更加关注财政支出的合理性和公共资金的使用效率，而且使各国政府对税收管辖权的运用更加审慎。首先，现代国家的政府与社会成员之间基于公共产品供求而形成的税收征纳关系为政府征税提供了依据。税收通常被视为社会成员为取得政府提供的公共服务而作出的强制性贡献。当社会成员以国际化的视角考量一国政府的治理水平和公共产品的提供能力并据此选择投资或居住地时，各国政府很难再依据国家最高所有权在领土范围内随意课税，从而使"普天之下，莫非王土；率土之滨，莫非王臣"的传统理念无法适应现代国家治理的需要。其次，政府对税收管辖权的运用更加审慎。国际税收竞争使政府通过扩大对社会资源的控制来强化自身税收管辖权的做法面临约束，由此而导致的生产要素外流将削弱本国的税基和财政收入能力。此外，一些国家还采用放弃部分税收管辖权的方式使本国政府在国际税收竞争中处于更加有利的地位。最后，国际税收竞争使社会成员更加关注政府支出的合理性和财政资金的使用效率。如果财政支出符合公共需求且政府为提供既定公共产品而耗费的成本较低，实际税收水平就更接近理想的税收水平；相反，如果社会成员的意愿和偏好在财政支出中难以得到充分体现，或者财政资金的使用效率较低，就可能使实际税收水平低于理想的状态，从而在国际税收竞争中处于不利地位。

五、 我国税收理论未来研究的展望

改革开放以来，我国税收理论在借鉴西方主流财政理论并结合税制改革实践的基础上不断深化，在税收职能、确立方式、税收征管与遵从、国际税收竞争以及政府间税收划分等领域形成了较为完善的理论体系；但从国家治理的视角看，既有理论仍存在有待完善之处。

从税收的职能上看，在将社会资源由私人部门转移至公共部门的过程中，如何通过政府和社会成员的有效互动使税收制度更充分地体现社会成员的意愿和偏好，进而提高社会成员的遵从水平和政府回应性是值得理论界深入探讨的问题。从税收的确立方式上看，实践表明，单纯强调税收法定原则的重要性难以实现税收现代化的目标，我们需要从理论上对税收确立方式的影响因素进行全面考察，并结合我国政府与社会成员关系的实际情况提出完善税收确立方式的政策建议。从税收征管的角度看，在社会成员越来越关注税收制度的形成过程和政府部门行为方式的情况下，传统税收征管理论倡导的"服务＋执法＝税收遵从"模式难以满足提高税收遵从水平的需要。因此，除处罚力度、稽查概率等税收威慑措施和纳税服务外，我们还有必要对税收制度的公平性、财政资金使用效率以及政府行为的负责性和回应性等可能对税收遵从产生重要影响的因素加以考察。从国际税收竞争上看，既有研究归纳了其他国家税制改革对中国的冲击和影响并提出了应对策略，但是对于国际税收竞争对现代国家治理的作用和影响仍缺乏相对系统的思考。因此，在面临竞争约束的条件下，如何通过税制改革推进国家治理体系和治理能力现代化是国际税收竞争理论需要回答的问题。从政府间税收划分上看，现代国家治理体系的完善在很大程度上是各级政府部门和社会力量共同参与的互动结果，而不仅仅是某种预期规划或人为设定的产物。为充分发挥中央和地方的积极性，更好地理顺政府间财政关系，在现代国家治理框架下，基于地方各级政府利益诉求对政府间税收划分问题进行深入分析和探索十分必要。

六、

税收现代化服务中国式现代化的实践路径

（一）中国式现代化与税收现代化

中国式现代化是人口规模巨大的现代化，是全体人民共同富裕的现代化，是物质文明和精神文明相协调的现代化，是人与自然和谐共生的现代化，是走和平发展道路的现代化。中国式现代化的本质要求是：坚持中国共产党领导，坚持中国特色社会主义，实现高质量发展，发展全过程人民民主，丰富人民精神世界，实现全体人民共同富裕，促进人与自然和谐共生，推动构建人类命运共同体，创造人类文明新形态。中国式现代化延续了我国在建设社会主义现代化强国征程中提出的工业现代化、农业现代化、国防现代化、科学技术现代化"四个现代化"的目标，并赋予了其新的时代内涵及本质特征。2020 年国家税务总局提出以"坚强有力的党的领导制度体系、成熟完备的税收法治体系、优质便捷的税费服务体系、严密规范的税费征管体系、合作共赢的国际税收体系、高效清廉的队伍组织体系"为标志的税收现代化六大体系，表明我国税收现代化建设进入新的阶段。税收现代化是中国式现代化在税收领域的具体体现，是中国式现代化宏观蓝图的重要组成部分，并且从政治、经济、文化、社会、生态等方面全方位服务中国式现代化。

（二）新时代税收现代化服务中国式现代化的实践路径

1. 坚持政治性，坚持和加强党对税收工作的全面领导

坚持和加强党的全面领导，既是党百年奋斗的历史经验，也是新时代伟大变革的重要实践，更是未来走好中国式现代化道路的必然要求。党的十八大以来，税收在国家治理中的地位日益凸显。坚持和加强党对税收工作的全面领导，是税收现代化的本

质特征和最大优势。在新时代新征程上，我们必须健全全面从严治党体系，坚持和加强党对税收工作的全面领导，认真学习贯彻习近平新时代中国特色社会主义思想，着力提高税务系统各级党组织和党员干部的政治判断力、政治领悟力、政治执行力，坚决贯彻落实党中央的重大决策部署，努力服务于中国式现代化建设大局，确保税收现代化建设始终沿着正确的政治方向前进。

2. 坚持人民性，始终贯穿以人民为中心的发展思想

随着新发展格局的加快构建，税收涉及的利益主体日趋多元化，介入国家治理体系的范围日益宽广，参与经济、政治、文化、社会、生态文明建设的程度更加深入，与人民群众的联系更直接、更紧密、更广泛。随着我国社会主要矛盾的变化，人民群众对民主、法治、公平、正义的要求越来越高，对税务部门在权益保护、服务供给等方面的能力和水平提出了新的诉求。在税收现代化建设中，只有坚持以人民为中心，坚持取之于民、用之于民，坚持为国聚财、为民收税，进一步顺应人民群众新期盼，不断满足人民日益增长的美好生活需要，才能构建和谐的征纳关系，提高税法遵从度和社会满意度，为税收现代化建设凝聚强大的力量。

3. 坚持系统性，实现精确执法、精细服务、精准监管、精诚共治协调推进

推进税收现代化，涉及税法体系、征管制度、服务规程、科技手段、组织体系、人才保障、协同共治等各方面要素。这些要素相互交织，牵一发而动全身。我们必须坚持系统观念，统筹好税收立法、税制改革、税务执法、纳税服务、税收监管、队伍建设、税收共治等工作，妥善处理当前与长远、全局与局部、中央与地方、市场与政府、税收与经济、业务与技术、国内与国际等各方面的关系，推进执法、服务、监管的系统性融通，党务、政务、业务工作的多维度联通，制度规范、业务流程、信息技术、岗责体系的一体化贯通，实现执法、服务、监管、共治一体推进、相互促进、相得益彰。

4. 坚持创新性，强化科技创新的引领驱动作用

科技是第一生产力，创新是第一动力。发挥科技创新的引领驱动作用，不断塑造税收改革发展的新动能、新优势，是实现税收现代化的必由之路。在税收现代化建设中，我们要增强创新意识，加大创新力度，以理念创新为引领，树牢"以数治税"理念，凝聚智慧税务建设；要以制度创新为突破，建立健全新型的具有中国税务特色的制度体系，充分释放税务执法、服务、监管、共治等制度的红利；要以技术创新为动力，高效运用大数据、云计算、人工智能等现代信息技术，推进税收征管数字化升级和智能化改造；要以组织创新为保障，推动组织、流程、岗责的优化再造，进一步增强税务系统的组织力。

5. 坚持能动性，加快推进人才强税战略

人才是第一资源。全面建设社会主义现代化国家，必须有一支适应现代化建设要

求的高素质专业化干部队伍。现代化的核心标志是人的现代化，高素质专业化的税务干部队伍是实现税收现代化的重要保障。推进税收现代化，需要一支具有国际视野、战略思维，精通业务、善于管理，具有引领带动作用的复合型、国际化、现代化的高端人才队伍。我们要深入实施人才强税战略，真心爱才、悉心育才、精心用才，以更高标准、更大力度、更实举措做好新时代税务人才工作，把各方面优秀人才集聚起来，强化税收现代化的人才支撑。

我们既要立足国内发挥税收服务促进经济社会发展的大局作用，又要放眼世界展现税收服务参与全球治理的积极作为。因此，我们也要努力从国际税收领域中探索中国式税收现代化服务的实践途径。中国式现代化的本质要求包含了"推动构建人类命运共同体，创造人类文明新形态"，我国国际税收作为参与全球治理的重要组成部分，是向世界展现我国税收现代化乃至中国式现代化建设成果的重要载体。近十年来，我国国际税收持续提高站位，尤其是在构建合作共赢的国际税收体系中作出大量努力，显著提高了我国在国际税收治理乃至全球治理中的话语权，为税收服务中国式现代化建设奠定了重要基础。从积极参与税基侵蚀和利润转移（BEPS）行动计划打击国际逃避税，到坚定推动"双支柱"方案应对数字经济征税问题，再到深入主导"一带一路"倡议税收征管合作机制建设，我国在不断引领国际税收合作中提供了中国支持、展现了中国方案。当前，我们强调税收服务中国式现代化，在国际税收领域既要从各国现代化的共性特征中不断完善国际税收治理，更要基于我国国情，在税收现代化建设中彰显中国式现代化道路的优势。从深度参与国际税收规则制定、持续扩大税收协定网络、深入推进"一带一路"倡议税收征管合作机制建设等举措着手，创新我国国际税收服务中国式现代化的实践途径，为发展中国家走向现代化提供新的路径选择。在这一过程中，中国要坚持走和平发展道路的中国式现代化，必须坚定不移地高举和平、发展、合作、共赢旗帜，必须坚定不移地构建合作共赢的国际税收体系，必须坚定不移地展现人类文明新形态。

七、

现代财政制度与国家治理

近几十年来，越来越多的学者和社会各界开始关注"国家治理"这一理念。党的十八届三中全会报告明确将"推进国家治理体系和治理能力现代化"作为"全面深化改革总目标"的指导思想，指出"财政是国家治理的基础和重要支柱"，报告还指出"财政是国家治理的重要基础支柱"，并呼吁优化这一"国家长治久安的制度保障"。尤其要注意的是，治理的概念与传统上我们使用的管理概念有很大不同。管理侧重于自上而下的控制结构，而治理则强调管理与自我管理、组织与自我组织、监管与自我监管相结合的多方互动结构，并能够有力地调动各方的积极性。

（一）现代财政制度和现代国家治理相匹配

现代财政制度是现代国家治理的基石，也是现代国家治理不可或缺的重要组成部分。现代财政制度通过科学的财政政策和有效的财政管理，为国家的经济、社会和文化发展提供强有力的支撑，同时匹配了现代国家治理的需求。

现代财政制度在国家治理中扮演着非常重要的角色，它发挥着资源配置、收入分配、经济稳定和经济发展的重要作用。通过科学的财政政策和有效的财政管理，政府可以有效调节资源配置，提高经济效率，促进社会公平和可持续发展。现代财政制度需要与现代国家治理相匹配。现代国家治理强调法治、透明、参与和问责，这意味着财政制度和财政管理也应当遵循这些原则。财政制度和财政管理必须建立在法律的基础上，确保公开透明，让人民参与其中，并对财政行为负责。这样做的目的是保证财政资源的合理分配和有效使用，以及防止腐败和滥用职权问题的发生。因此，现代国家治理要求财政制度和财政管理必须与整个国家治理体系相一致，以确保国家的稳定和发展。同时，透明原则要求财政信息和数据应当公开透明，参与原则要求财政决策应当广泛征求公众意见，问责原则要求财政决策和管理者应当承担相应的责任。

现代财政制度需要不断适应国家治理需求的变化。随着国家治理的不断发展和变革，财政制度和财政管理也需要不断调整和完善。例如，随着数字化和信息化的快速发展，财政制度和财政管理也需要适应数字化和信息化的需求，提高效率和透明度。现代财政制度匹配现代国家治理是当前国家治理的重要方向。通过科学的财政政策和有效的财政管理，现代财政制度可以更好地服务于国家的经济、社会和文化发展，推动现代国家治理的进步。

（二）构建财政全域国家治理框架，促进财政现代化

构建财政全域国家治理框架是构建一种创新性的理论框架，旨在建立一个适应现代国家治理需求的现代财政制度。这个框架强调财政在国家治理中的基础性和支柱性作用，国家通过优化财政制度和财政管理，实现全面深化改革的总目标，即国家治理体系和治理能力的现代化。

在财政全域国家治理框架下，我们需要从以下几个方面建立现代财政制度：

第一，财政制度现代化。财政制度是现代国家治理的基础，需要与时俱进地优化和完善。我们需要加强财政制度的科学性、规范性和透明度，建立符合国家治理需求的现代财政制度。

第二，财政管理科学化。财政管理是现代国家治理的重要手段，需要实现科学化、精细化和信息化。我们需要加强财政管理的技术手段，引入先进的财务管理理念和方法，提高财政管理的效率和水平。

第三，财政政策中性化。财政政策是现代国家治理的重要工具，需要实现中性化、公平化和市场化。我们需要根据经济社会发展需要，制定科学的财政政策，避免对市场和社会造成过度干扰，促进经济稳定和可持续发展。

第四，财政监督全程化。财政监督是现代国家治理的重要保障，需要实现全程化、规范化和法治化。我们需要加强财政监督的力量，完善监督机制和程序，对财政活动进行全过程监督和管理，确保财政资金使用的合法性和规范性。

第五，财政信息透明化。财政信息是现代国家治理的重要依据，需要实现透明化、公开化和信息化。我们需要加强财政信息公开的力度，及时准确地公开财政信息，提高财政活动的透明度和公信力。

（1）现代预算制度的建立

现代预算制度的建立是推进国家治理体系和治理能力现代化的重要举措。现代预算制度应该遵循法治原则，制定明确的法律法规，规范预算的编制、审批、执行和监督等环节，确保预算的合法性和合规性；必须遵循科学原则，采用先进的预算编制方法和技术手段，提高预算的科学性和准确性；必须遵循透明原则，公开预算信息，提高预算的透明度和公信力；必须遵循民主原则，广泛征求公众意见，提高预算的民主性和参与度；必须遵循绩效原则，建立完善的绩效评估体系，提高预算的绩效性和效益性。

（2）现代税收制度的建立

建立现代税收制度需要建立更加公平、合理、简洁的税制结构，降低企业和个人的税收负担，提高税收制度的效率和公平性；加强税收立法，明确税收的法定性原则，

确保税收的合法性和合规性；加强税收征管力度，完善税收征管制度和技术手段，打击偷税漏税等违法行为，维护税收秩序；推进税收信息化建设，推广电子税务局等新型服务模式，提高税收服务的便捷性和效率性；促进税收协同共治，加强与其他国家和地区的税收合作和交流，共同打击跨国偷税漏税等违法行为，维护国际税收秩序。政府应该加强税收宣传和教育，建立完善的税收服务体系。政府应该不断提高公众对税收的认识和理解，使公众增强纳税意识和责任感，通过税前咨询服务、纳税申报服务、税后服务等，提高纳税人的满意度和获得感。

这些措施可以推动现代税收制度的建立和完善，为实现国家治理体系和治理能力现代化提供有力的支撑。同时，现代税收制度还需要不断调整和完善以适应国家治理需求的变化和经济社会发展的需要。

（3）理顺政府间财政关系，建立事权与支出责任相适应的财政体制

理顺政府间财政关系，建立事权与支出责任相适应的财政体制需要从多个方面入手：①按照分级管理的原则，明确各级政府的事权和支出责任，确保各级政府能够承担相应的责任和义务；②优化转移支付制度，减少专项转移支付，增加一般性转移支付，促进地区间基本公共服务均等化；③根据各级政府的职责和事权，合理划分税收收入和支出责任，建立规范的分级财政管理体制；④加强财政预算管理，提高预算的科学性和透明度，加强财政监督，确保财政资金使用的合法性和规范性；⑤推动财政信息化建设，提高财政管理的效率和现代化水平，为建立事权与支出责任相适应的财政体制提供技术支持；⑥加强各级政府间的沟通和协作，促进信息共享和政策协同，推动各级政府间的事权和支出责任的协调和平衡。

政府要不断促进政府间财政关系的协调和平衡，提高财政管理的效率和现代化水平。同时，政府应根据经济社会发展的需要和实际情况的变化，不断调整和完善事权与支出责任相适应的财政体制。

（4）创新财政投入机制，发挥财政资金引领带动示范效应

创新财政投入机制可以通过设立引导基金，引导社会资本投入，从而促进科技创新、产业升级、环境保护等重点领域的发展。同时，政府可以通过与金融机构合作，提高基金的杠杆效应，扩大资金规模。针对一些需要大量资金投入的项目，政府可以采取财政贴息的方式，降低借款成本，鼓励企业进行投资，也可以通过贴息政策的引导，促进产业升级和结构调整。政府可以通过与社会资本合作的模式，引导社会资本进入基础设施建设、公共服务等领域，提高公共产品的供给效率和质量，还可以通过约定合作条件和收益分配方式，实现政府与社会资本的优势互补。政府可以加强财政金融协同，发挥财政资金和金融工具的优势，为企业提供更加灵活多样的融资支持。例如，政府可以通过财政政策引导金融机构加大对小微企业、科技创新等领域的支持力度。针对一些需要支持的重点产业或领域，政府可以采取创新财政补贴方式，提高财政资金的效益和覆盖面。例如，政府可以通过奖励、资助、租金优惠等方式，鼓励企业进行技术创新和扩大生产规模。针对一些对经济发展和社会进步有重要贡献的企业或个人，政府可以建立财政奖励机制，鼓励其继续发挥优势和做出更大的贡献。同时，政府可以通过奖励政策的引导，促进企业或个人的创新和发展。

（5）提高财政管理能力，强化现代财政制度执行能力和提升其绩效水平

财政管理能力是反映现代财政制度建设治理水平和执行能力的关键，是财政制度和财政政策实施的"最后一公里"。提高财政管理能力，强化现代财政制度执行能力和提升其绩效水平是推进国家治理体系和治理能力现代化的重要任务之一。

建立健全的财政制度体系，完善各项财政规章制度，确保各项财政工作有章可循、有据可查。①加强财政预算管理，提高预算的科学性、规范性和透明度，确保财政资金使用效益的最大化。根据国家发展战略和政策导向，优化财政支出结构，加大对重点领域和薄弱环节的支持力度，提高财政资金的使用效率。建立健全财政监督和绩效评价机制，对财政资金的使用进行全程监督和评价，确保财政资金使用的合法性和规范性。②加强财政信息化建设，推广先进的信息化技术手段，提高财政管理的效率和现代化水平。③加强对财政干部的培训和教育，提高他们的专业素养和综合能力，为提高财政管理能力提供人才保障。④加强政务公开和透明度建设，及时公开财政信息，增强公众对财政工作的知情权和监督权。⑤建立完善的绩效管理体系，将绩效管理贯穿到财政工作的全过程，通过对财政资金使用效益的评估和考核，促进资金使用效益的最大化。

八、

央地关系研究（事权、财权、财力的划分）

（一）央地关系的权力结构

央地关系是指中央政府与地方政府之间的权力和职责的划分。这种关系通常涉及财政分权。中国实行的是分税制的财税体制，即中央和地方在税收上划分权限，并以此为基础进行财政支出等方面的分配。除了财政分权外，中国还实行了行政管理分权，即中央和地方在行政事务上的分工和管理，如教育、医疗、环保等。中央和地方的政策执行方式也不同，中央政府的政策往往比较宏观，而地方政府的政策则更加具体和有针对性。为了更好地协调中央和地方之间的关系，建立信息共享机制是必要的。这可以促进中央和地方之间的沟通和协作，避免出现信息不对称的情况。

央地关系的权力结构是一个复杂的问题，涉及多个方面。政府需要加强中央和地方的沟通协调，建立健全相关法律法规和制度体系，确保各级政府之间权责明确、相互配合、协同发展。

（二）政府间行政关系权力结构和分配

政府间行政关系权力结构和分配是一个复杂的问题。国家需要多措并举共同推动政府间行政关系的和谐稳定发展，为实现国家治理体系和治理能力的现代化提供有力的支撑。

在政府间行政关系中，国家需要明确各级政府之间的职责和权限，确保各级政府能够承担相应的责任和义务，这可以通过制定法律、规章等方式来实现。同时，加强地方政府与中央政府的合作也是非常必要的，加强政府间合作可以促进政策的一致性和协调性，提高政策的执行效率和效果。为了保障政府间行政关系的公正、公平和透明，国家还需建立完善的监督机制。监督机制包括建立健全的税收法律法规、严格的审计监督制度、完善的信息公开制度等。中央政府应通过培训教育、经验交流等方式来提高地方政府的管理水平，使地方政府更好地履行职责，并建立良好的沟通渠道，促进信息共享、增进相互了解、加强协作配合，更好地协调政府间行政关系。

1. 任免官员可采取自上而下或自下而上两种形式

任免官员是政府的一项重要权力，采取自上而下或自下而上两种形式都可以。自上而下的任命是指由上级政府或组织对下级政府的官员进行任命，这种形式的优点是可以确保政府内部的高效运作和协调，因为上级政府或组织通常具有更高的权威性和更强的决策能力，缺点则是有可能缺乏多样性，难以满足不同地区的需求和特点。自下而上的选举是指由选民直接投票选举政府官员，这种形式的优点是可以更好地反映选民的意愿和需求，因为选民可以直接参与政治过程，缺点则是需要更多的时间和资源来筹备和实施，并且可能会受到外部因素的影响和干扰。

因此，在选择任免官员的方式时，政府需要根据具体情况综合考虑多种因素，包括政府内部的实际情况、政策目标、社会需求等。无论是采用自上而下还是自下而上两种形式，政府都需要保证公正、公平、透明，并充分考虑选民的意见和建议。

2. 官员考核权

官员考核权是政府的一项重要权力，其行使方式和效果受到多种因素的影响。在实践中，官员考核权通常采取集权或分权的模式进行分配和管理。集中制是指由中央政府或上级政府直接对下级政府的官员进行考核和任命，这种方式的优点是可以确保考核的统一性和标准的一致性，减少因考核标准不统一而产生的争议和分歧，缺点则是有可能缺乏灵活性和适应性，难以满足不同地区的需求和特点。分散制是指由各级政府分别对本级政府的官员进行考核和任命，这种方式的优点是可以更好地适应不同地区的特点和需求，提高考核的针对性和有效性，缺点则是需要更多的时间和资源来筹备和实施，并且可能会因为各方的利益冲突而导致考核结果不够客观公正。

无论是采用集中制还是分散制，政府都需要建立健全考核制度和监督机制，包括制定详细的考核标准、规范考核程序、公开考核结果等。为了保证考核的有效性，加强监督和管理是必要的，这可以通过建立健全监督机制、加强对考核人员的培训和教育等方式来实现。引入第三方评估机构对官员进行评估能够更加客观地评价官员的表现和绩效，这种方式的优点是可以提供更专业的评估意见和建议，缺点则是需要更多的时间和资源来筹备和实施。在官员考核中，政府不仅要关注官员的行为表现和工作成绩，还要注重实际成效，这样可以通过建立科学的评估指标体系、加强对成果的跟踪评估等方式来实现。官员考核是一项涉及公共利益的重要工作，因此政府应该充分尊重民主参与和公众反馈，这可以通过建立信息公开制度、开展民意调查等方式来实现。

官员考核必须确保考核的公正、公平、透明和有效。同时，官员考核还需要注重实际成效和社会公众的反应，以实现公共利益的平衡和最大化。

3. 监察权

权力下放和权力集中也有区别。当高级政府官员监督低级政府官员时，监察权是集中的；当地方政府进行内部自我监督时，比如同级纪委监督同级部门官员时，监察权是分散的。监察权被用来纠正地方政府官员所期望的目标与实际治理行为之间的差异。监察权的集权有利有弊，其优势在于地方官员的不合理行为可以通过行政手段迅速得到纠正，使地方政府能够服从上级政府的要求；其劣势在于监察权的过度使用会导致地方政府疲于奔命，降低行政效率。

4. 事权的权力结构

事权的权力结构主要包括决策权、执行权和监督权三部分。

决策权是关于做出公共事务决策的权力，通常由政府高级别官员或特定决策机构行使。在中央政府层面，决策权通常由国务院及其各部委行使，而在地方政府层面，决策权则由各级地方政府及其部门行使。决策权的行使需要根据公共事务的外部性来确定，对于具有全国性影响的公共事务，应由中央政府来决策，而具有地方性影响的公共事务则应由地方政府来决策。如果涉及跨区域的公共事务，如跨区域的河流治理，则应由中央政府来决策。

执行权是关于财政支出的权力，也可理解为财政支出责任。在政府间关系中，执行权通常由下级政府或相关政府部门来行使。具体来说，对于财政支出责任，下级政府或相关政府部门需要承担相应的资金来源责任，包括税收、转移支付、收费、债务等。在中央政府层面，执行权由各部委及直属机构行使，而在地方政府层面，执行权则由各级地方政府及其部门行使。

监督权是关于监督财政资金管理的权力。在政府间关系中，监督权通常由上级政府或特定的监督机构来行使。对于财政资金管理，上级政府或监督机构需要对财政资金的使用进行全程监督和评价，以确保财政资金使用的合法性和规范性。在中央政府层面，监督权由审计署等部门行使，而在地方政府层面，监督权则由各级地方政府的审计部门行使。

事权的权力结构是一个有机整体，各部分之间相互配合、相互制约。决策权、执行权和监督权的合理配置和有效运行是确保政府间事权分配公平、合理的重要保障。

（三）政府间财政权力结构和分配

政府间财政权力结构和分配主要涉及各级政府之间的财政职责、权力和利益关系。这种关系主要体现在财政收入的划分、财政支出的责任和财政转移支付等方面。

我国中央和地方的财政收入主要由税收收入、利息收入、承包经济责任制（包产到户）转移收入以及出售财产的收益等构成。其中，中央政府主要掌握一些重要的税收收入，如增值税、消费税等，而地方政府则主要负责一些地方性税收的征收，如房产税、土地增值税等。财政支出责任是指政府在财政支出方面所承担的义务和责任。

一般来说，中央政府承担着国防、外交、重大科研项目等全国性公共服务的支出责任，而地方政府则承担着地方性公共服务的支出责任，如地方道路建设、教育等。财政转移支付是指政府间财政资金的一种再分配形式。政府通过财政转移支付，可以平衡各级政府之间的财力差距，实现公共服务的均等化。我国的财政转移支付主要包括一般性转移支付和专项转移支付两种形式。一般性转移支付主要用来平衡地方政府的基本公共服务支出，专项转移支付则主要用于支持特定领域或项目的建设。

我国政府间财政权力结构和分配的发展是一个相对复杂且不断变化的过程，需要各级政府在实践中不断调整和完善。

1. 事权分配

从事权的横向分配来看，各个政府职能部门根据其所负责的事务性质来行使决策权，如教育局决定教师工资标准，环境保护局决定环境规制标准等。这种分工有利于发挥各职能部门的专业优势，确保政策制定的科学性和针对性。从事权的纵向分配来看，决策权的归属主要依据公共事务的外部性来确定。全国性公共事务，如国防、外交等，由中央政府来决策，以确保政策的统一性和协调性。地方性公共事务，如城市基础设施建设、教育等，由地方政府来决策，以更好地满足地方居民的需求和偏好。对于跨区域的公共事务，如跨区域的河流治理，应由中央政府来决策，以协调不同地区的利益和资源。

在财政支出责任方面，地方政府拥有决策权时，应承担相应的财政支出责任，其资金来源包括税收、转移支付、收费、债务等。中央政府在拥有决策权时，可以根据实际情况落实支出责任，确保政策的顺利实施。这种支出责任的划分旨在实现财政资源的合理配置和有效使用。财政部门在事权中发挥着重要的作用，作为财政资金集中、分配和使用的中枢，财政部门需要与其他职能部门紧密合作，确保财政资金的合规使用和有效管理。同时，财政部门也承担着财政资金使用监督的权力，对于发现的问题要及时进行处理和整改。事权中的监督权主要属于上级政府，以确保下级政府在行使事权时遵守法律法规和政策规定。这种监督权的设置有助于维护政府间事权的稳定和协调，促进政府工作的规范化和法治化。

2. 税权分配

税权是税收关系中有关税收的权力，包括税收立法权、征管权、收益权等。国家机关行使的涉及税收的权力属于税权范畴。

第一，税收立法权是指特定的国家机关依法所行使的，通过制定、修订、废止税收法律规范，调整税收法律关系的综合性权力体系。它是国家立法权的重要组成部分，也是国家权力体系中最为重要和核心的权力之一。从税收立法的主体来看，其包括全国人大及其常委会、国务院及其有关职能部门、拥有地方立法权的地方政权机关等。其中，全国人大及其常委会是行使国家立法权的最主要机关，而国务院及其有关职能部门则负责制定和解释行政法规，地方政权机关则根据本地实际情况制定地方性法规。在税收立法权的划分上，其应与国家一般立法权的基本类型结合起来。一般来说，立法权分为国家立法权、专属立法权、委托立法权、行政立法权和地方立法权等类型。

其中，税收立法权应属于国家立法权的范畴，而其他类型的立法权则需要在符合宪法和其他相关法律的前提下，根据具体情况进行划分和配置。

税收立法权的行使需要遵循法定原则、民主原则、科学原则等基本原则，从确保税收立法的合法性、公正性和科学性。同时，立法机关在实践中也需要根据实际情况进行灵活运用，以实现税收立法的科学化和民主化。

第二，税收征管权是税务管理的重要组成部分，是税务机关根据有关的税法的规定，对税收工作实施管理、征收、检查等活动的总称，又称"税收稽征管理"。从税收征管权的行使来看，其涉及的权力主要包括征收权和税务管理权。其中，征收权是指税务机关根据税法规定，对纳税人依法征收税款的权力；而税务管理权则包括税务登记、账簿和凭证管理、纳税申报、税款征收、税务检查等权力。在税收征管权的划分上，其通常分为中央税权和地方税权两种类型。中央税权是指由中央政府负责征收、管理和监督的税种，如增值税、消费税等；而地方税权则是指由地方政府负责征收、管理和监督的税种，如房产税、土地增值税等。

税收征管权的行使需要遵循法定原则、公正原则、效率原则等基本原则，以确保税收征管的合法性、公正性和有效性。同时，在实践中，税务机关也需要根据实际情况进行灵活运用，以实现税收征管的科学化和规范化。

第三，税收收益权也称税收分配权或税收收入归属权，是税收征管权的一项附随性的权力，包括谁有权力获取税收利益，谁有权力将其缴入哪个国库。在严格意义上，税收收入归属权是财政预算问题，是税收征管权的一项附随性的权利，因税收征管权的实现而产生。在实践中，税收收益权的行使需要根据国家预算法的规定，确定各级政府之间的税收收入分配关系。中央税种的税收收入归属于中央政府，地方税种的税收收入归属于地方政府。同时，还有一些税种是中央与地方共享的，其税收收入的分配比例也是根据国家预算法的规定来确定的。

需要注意的是，税收收益权的行使需要遵循公平、公正、公开的原则，确保各级政府之间的税收收入分配关系合理、科学、透明。同时，还需要加强税收征管力度，防止税收流失和滥用现象的发生，以保障税收收入的合法性和稳定性。税收收益权是税收征管权的重要组成部分，需要在符合国家法律法规的前提下，根据实际情况进行灵活运用，以实现税收收入的合理分配和有效管理。

3. 转移支付

当地方政府的财政收入无法满足其支出责任时，政府间转移支付就成为一种重要的解决方案。转移支付涉及了不同层级政府间的权力互动和职责划分，形成了一个相对复杂的权力结构。

中央政府在分配权方面起到了核心的作用。它不仅决定了转移支付的总体规模和资金流向，还要确保资金分配的公正性和有效性。中央政府在制定转移支付政策时，通常会考虑多种因素，如地方政府的财政收入状况、支出责任、地区间的发展差异等，以确保资金能够流向最需要的地方。地方政府在收到转移支付资金后，需要按照中央政府的政策规定进行使用和管理。对于专项转移支付，地方政府还需要确保资金用于指定的项目或领域。在执行过程中，地方政府需要建立健全的财务管理体系，确保资金使用的合法性和规范性。中央政府为了确保转移支付资金的有效使用，需要对地方政府的使用情况进行监督。这种监督通常包括定期检查、专项审计、绩效评估等方式。对于发现的问题，中央政府有权要求地方政府进行整改，并可能采取相应的处罚措施。

这个权力结构的设置旨在确保转移支付政策的顺利实施，并最大限度地发挥其作用。然而，在实践中，也可能存在一些挑战和问题，如信息不对称、执行力度不够、监督成本高等。因此，各级政府在实施转移支付政策时，需要不断地进行改进和优化，以提高政策的效果和效率。

第三篇
财税政策篇

自党的十八大以来，我国经济发展迅速，其背后离不开新时代的财税政策的变革。财税政策是以特定的财政理论为依据，运用各种财政工具，为达到一定的财政目标而采取的财政措施的总和，对于提升国家治理能力、推进高质量发展、实现全体人民共同富裕有重要意义。本篇主要是立足于新时代，贯彻党的二十大精神，从部门预算制度、政府采购制度、国库集中支付制度、转移支付制度、税收政策、金税工程几个角度介绍新时代的财税政策，以便更好地推进中国式现代化进程中的财税体制改革。

一、

部门预算制度

（一）概述

1. 基本概念

政府预算也称为公共财政预算，是实现财政职能的一种手段，是政府的基本财政收支计划。其为了清晰地反映政府的财政收支状况而把财政收入和财政支出按照一定的标准分门别类地列入特定的收支分类表格中，以体现政府的政策意图，同时也可以让人们更加了解政府活动的范围和方向。部门是指和财政发生直接的缴拨款关系的一级预算单位。因此，部门预算是指与财政部门直接发生预算缴拨款关系的国家机关、社会团体和其他单位，依据国家有关法律、法规规定及其履行职能的需要编制的部门年度收支计划。

2. 部门预算的编制要遵循的原则

（1）统筹预算内外财力，实行综合预算
（2）量入为出，收支平衡
（3）严格依法理财
（4）实行财政支出绩效评价
（5）坚持权责一致。

3. 部门预算编制方法

部门预算由预算收入和预算支出两部分构成，所以部门预算的编制方法也由收入预算和支出预算两大部分构成。收入预算编制采用收入预算法。各预算单位要根据宏观经济形势和国民经济发展各项指标，充分考虑经济、政策和管理等各方面的因素，结合本部门发展规划和履行职能需要，建立起本部门的国民经济综合指标库和收入动态数据库。各预算单位要对各方面要素进行分析论证，通过选取与本部门相关的经济收入相关指标来建立标准收入预算模型，确定修正系数，编制标准收入预算。支出预算编制采用零基预算法，各预算单位按量力而行、量入为出的原则，以基本支出为优先、项目支出排后的顺序，确保各级政府部门的履职和发展。其中，基本支出预算主要采取定员定额方式编制预算，基本支出内容包括工资福利支出、商品和服务支出、对个人和家庭的补助三部分。人员工资福利支出预算按照编委核定的编制内实有人数编制预算；商品和服务支出实行单项定额标准与综合定额标准相结合的方法，按照部门性质、职责、工作量差别等划分若干档次来核定预算标准，项目支出则视本级财力情况并按轻重缓急的原则来编制预算。个人和家庭的补助指政府用于对个人和家庭的补助支出。包括离休员、退休员、退职（役）费、抚恤金、生活补助、救济费、医疗费补助、助学金、奖励金、个人农业生产补贴及其他未包括在上述科目的对个人和家庭的补助等。

（二）新时代发展

在我国当今各级政府的财政总体框架中，部门预算占据着重要的地位，党的十八大以来，财政体制改革重要任务就是改进预算管理制度，强化预算约束、规范政府行为、实现有效监督，加快建立全面规范、公开透明的现代预算制度。部门预算制度改革构成我国公共财政体制改革中的重要且不可缺少的首要内容。从《中华人民共和国预算法》正式实施以来，我国对部门预算管理制度的改革在不断深化，全方位管理格局初步成型，全过程管理链条基本建立，全覆盖管理体系不断完善，绩效结果应用逐步强化。

1. 发展历程

2014 年 8 月 31 日历经四次审议，在第十二届全国人民代表大会常务委员会第十次会议表决通过了《全国人民代表大会常务委员会关于修改〈中华人民共和国预算法〉的决定》，并决议于 2015 年 1 月 1 日起施行。至此，预算法在出台 20 年后，终于完成了首次修改。同年国务院发布了《国务院关于深化预算管理制度改革的决定》（国发〔2014〕45 号）对预算改革进行了全面部署。

2015 年，《关于加强和改进中央部门项目支出预算管理的通知》就加强和改进中央部门项目支出预算管理有关问题进行通知，并且制定了《中央部门预算绩效目标管理办法》，财政部预算评审中心全面启动中央部门项目预算评审工作。

2016 年中央部门预算迎来实质性改革。所有中央部门预算的编制必须以项目库建设作为基础和前提，财政部聘请各个领域专家和多家社会第三方机构参与预算事前评审。各个中央部门的项目如果没有通过评审则不能进入项目库，未进项目库项目不得编入部门预算，无法获得财政资金。

2017 年为规范财政部门和预算单位资金存放，增强透明度和安全性，防范廉政风险，深化预算管理制度改革，提高中央部门预算管理水平，财政部印发《关于进一步加强财政部门和预算单位资金存放管理的指导意见》（财库〔2017〕76 号），对进一步完善项目支出预算管理有关工作进行推进。

2018 年 12 月 29 日第十三届全国人民代表大会常务委员会第七次会议通过了《全国人民代表大会常务委员会关于修改〈中华人民共和国产品质量法〉等五部法律的决定》，自公布之日起施行。中央部门预算集中向社会公开。为使公众找得到、看得懂、能监督，除此之外中央各部门的部门预算除在本部门网站公开外，继续在财政部门户网站设立的中央预决算公开平台集中公开。

2019 年为贯彻落实《中共中央　国务院关于全面实施预算绩效管理的意见》，按照《关于印发 2019 年预算绩效管理重点工作任务的通知》（财办预〔2019〕15 号）要求，为进一步提高绩效监控工作的规范性和系统性，经充分征求各相关方意见，财政部制定了《中央部门预算绩效运行监控管理暂行办法》。

2021 年《国务院关于进一步深化预算管理制度改革的意见》对推进部门所属单位预算公开提出明确要求。推进部门所属单位预算公开，是深化预算管理制度改革、提高预算透明度的重要举措，有助于更好地保障公民的知情权、参与权、表达权、监督权，强化社会监督，推动法治政府建设和政府职能转变，推进国家治理体系和治理能力现代化。

2022 年在一些试点地区地方预算管理一体化建设加快推进，卓有成效。按照《国务院关于进一步深化预算管理制度改革的意见》，中央部门根据国家政务信息化建设进展同步推进。财政部在试点基础上，研究制订一体化推广实施方案，确定中央部门分三批上线一体化系统。2022 年 8 月 1 日中央预算管理一体化扩围第一笔资金生成国库集中支付电子凭证并发送代理银行，代理银行按指令将资金支付至最终收款人，标志着中央预算管理一体化预算执行业务第一批扩围部门成功上线。

新时代以来，关于部门预算制度的改革聚焦提高预算管理的绩效、透明度和实施预算管理一体化。经过几十年的探索，从中央到地方，我国的部门预算管理制度改革成效明显，部门的资金使用更加透明规范，预算绩效管理整体水平不断提升，为发挥财政资金效能提供了有力保障。

2. 预算管理一体化

实施预算管理一体化是深化预算管理制度改革的重要支撑，是推进国家治理体系和治理能力现代化的必然要求。在中央和地方协同、有效地实施下，一体化建设取得显著成效。

在系统建设上，借助云计算、微服务、大数据等先进技术，首次实现业务衔接、管理流程、数据标准、信息资源从省到市的一体化。通过系统开发集中管控，系统资源集中部署，系统问题集中解决，同时将制度规则嵌入一体化系统，硬化了预算约束和管理控制，真正实现了制度管人。

在业务管理上，业务模式统一、标准规范，初步形成了以项目为源头的全生命周期管理机制和"无项目不预算""无预算不支出"等顺向环环相扣的控制机制和逆向动态可溯的反馈机制，实现了财政预算管理业务流程规范化闭环、纵横向标准化贯通和数据完整集中汇聚。

在数字应用上，一体化系统实现了与资产、采购、惠民"一卡通"、直达资金监控等财政内部系统和人行、税务、统计等外部系统的数据衔接和实时汇聚，加强了数据的管控、汇聚、治理、分析和展现，为财政管理从经验判断向数字化转型奠定了坚实基础。

实践证明，预算管理一体化可以有效支撑项目全生命周期管理、加强部门和单位收入统筹和预算管理、强化预算执行控制、建立完善全覆盖全链条的转移支付资金监控机制等新的管理要求，是进一步深化预算管理制度改革的重要内容和主要支撑手段。预算管理一体化的部署实现中央和地方财政信息贯通，支撑深化预算管理制度改革各项举措有效实施，为完成党中央、国务院部署的各项重点任务提供有力保障。

二、

政府采购制度

（一）概述

1. 基本概念

政府采购是一种先进的公共财政支出管理制度和手段，迄今为止，世界各国对其还没有统一的观点和定义。我国理论界就有两种代表性的观点（边俊杰，2001）：一种观点是"购买支出论"，即把政府采购等同于政府的购买性支出，认为政府采购是各级国家机关和实行预算管理的政党组织、社会团体、事业单位，使用财政性资金获取货物、完成工程或取得服务的行为。另一种观点是"采购制度论"，即把政府采购等同于实现政府制度之后的公共采购，认为政府采购也称公共采购，是指各级政府及其所属机构为了开展日常政务活动和为公众提供公共服务的需要，在财政的监督下，以法定的方式、方法和程序，对货物、工程或服务的购买。

2. 政府采购制度的特征

我国的政府采购虽然起步较晚，但在制度完善和采购规模上却实现了跨越式发展。尤其随着《中华人民共和国政府采购法》的颁布实施和电子化交易系统在政府采购领域的普及和运用，政府采购朝着规范化、电子化发展的脚步不断加快，制度日臻完善。其特征主要体现在以下几个方面：

采购制度规范化。政府通过一系列配套的法律、规章、办法和细则来规范政府采购行为，并在各级政府设有管理政府采购工作的机构，负责管理协调采购主体、采购代理机构、资金支付方等政府采购当事人之间的工作和关系。

采购范围广泛化。政府采购支出涉及各行各业，不仅点多面广、种类繁多、性质复杂，且已从最初单纯的货物采购为主向现今的货物、维修改造工程、各类服务项目三大主要板块不断拓展延伸。近几年，大量的民生项目开始纳入政府集中采购，如交通、卫生、养老、绿化、保洁、保安、环境保护、服装、基础教育设施等上百种品目成为政府采购常态化的服务内容。同时，还有一些从未经过招标的新项目也在逐步列入集中采购目录。

采购资金公共化。采购资金的性质，是确定采购行为是否属于政府采购制度规范范围的重要依据。我国过去颁布的制度和政策中，将政府采购资金的性质界定为财政预算内资金和预算外资金，而新颁布的《中华人民共和国政府采购法》明确规定，政府采购资金为财政性资金。政府采购的资金来源包括四种：①财政拨款，财政预算拨款中用于政府采购项目的支出；②财政专户拨入资金，单位用存入财政专户的收入安排政府采购项目的支出；③单位留用收入，单位用经批准直接留用的收入安排政府采购项目的支出；④其他收入，单位用上述资金来源以外的资金安排政府采购项目支出，包括自筹资金、国家财政转贷资金、银行贷款、国际金融组织贷款等。从上述资金的来源可见，无论使用哪种支出方式都反映了我国公共资金管理的特点，因此都具有公共化的属性。

采购过程公正化。随着电子化交易平台广泛运用于政府采购的每一具体环节，传统的手工操作政府采购模式已成为历史。如今，政府采购从项目的立项、审批、下发、文件编制、招标信息发布、开标、提交投标保证金、评标、结果公示、合同签订、验收及付款已经实现全程线上无缝连接和在电子监控下公正透明的交易流程。制度的完善和电子交易系统的有效结合，不仅提高了采购效率，也有效地遏制了腐败问题的滋生，确保了采购人与供应商的合法权益。

采购规模巨大化。政府是市场最大的消费者和购买者，发达国家的政府采购支出通常占财政总支出的30%左右。我国在1998年实施政府采购制度之初，采购规模仅为31亿元。随着我国经济的快速发展、政府采购制度的逐步完善以及电子化交易系统在政府采购领域的广泛运用，政府采购效率不断提升，尤其《中华人民共和国政府采购法》颁布实施后，采购规模大幅度攀升。2017年，我国政府采购规模已经达到32 114.3亿元，占财政总支出的12.2%。尽管这一数字与发达国家相比，我们还有很大的提升空间。但就我国政府采购发展的历史而言，20多年间，采购规模就增长了1 035.9倍，且这种增长还呈上升发展的趋势。

采购服务立体化。采购服务立体化不仅体现在服务功能的全方位和服务内容的全覆盖，还体现在服务理念的人性化、简约化和实用化。同时我们还要把服务高度、服务宽度和服务深度"三维服务"的立体服务模式作为拓展目标贯穿政府采购全程。除了在业务领域做好前伸后延的服务外，在服务形式上也逐步向人性化、实用化方向拓宽服务宽度。特别是一些起步早、发展较快的政府采购中心（如北京、上海、广州、深圳等一线城市的采购中心），除了有规范的办公场所、设施完备的办公条件，还在开标现场新增设了前台接待员、项目引导员、提示牌、触摸屏、LED屏等引导供应商及评标人员快速便捷地到达开标地点，使政府采购的服务和便利体现在采购全程的方方面面。

采购流程电子化。目前，各省份的政府采购已经基本实现了采购流程电子化。但其特点是各自建设，自成一体，各有差异，独立运行，没有形成统一的电子交易体系。

3. 政府采购方式

确定政府采购是招标性采购还是非招标性采购的判断条件之一，就是采购金额。按照法规要求，采购金额在规定金额以上的采购项目，必须采用招标性采购方式；采购金额在规定金额以下的采购项目，采用非招标性采购方式。随着法规制度的不断完善和电子化交易系统在政府采购领域的运用，无论选择哪一种招标方式，采购的全过程只有采购金额的大小、采购周期的长短、采购程序的繁简、采购成本的高低和采购节支率的多少等交易细节的差异，而政府集中采购机构在实施招标的过程中，在公平公正地对待供应商上以及组织的正规程度上是没有任何差异和区别的。

4. 政府采购制度体系

对于中国政府来说，推行法治化、现代化的政府采购制度是一个崭新的国家财政管理概念。中国的《中华人民共和国政府采购法》于 2002 年 6 月 29 日由全国人大常委会审议通过，自 2003 年 1 月 1 日正式生效，中国采购制度领域开始有了自己的基本法。随着近年来的实践，中国政府采购制度体系已经初步形成，主要表现在：

首先，以《中华人民共和国政府采购法》为核心的政府采购制度法律框架初步形成。财政部陆续颁布了《政府采购货物和服务招标投标管理暂行办法》《政府采购品目分类目录》《政府采购运行规程暂行规定》《政府采购资金财政直接拨付管理暂行办法》《中央单位政府集中采购管理实施办法》等一系列规章制度。

其次，建立了比较完备的政府采购管理机构。国务院根据建立政府采购制度的推进者和国际惯例，明确财政部为政府采购的主管部门，履行拟订和执行政府采购政策的职能。

再次，集中采购与分散采购相结合的政府采购模式已初步确立，政府采购规模和范围不断扩大。政府采购的范围由单纯的货物类扩大到工程类和服务类，越来越多的供货商参加到政府采购活动中来。

最后，政府采购信息管理系统框架初步建成。为了实现政府采购工作的公开和透明，并按照国际惯例，中央和省级财政部门都指定了政府采购招标中标信息发布媒体，《中国政府采购》杂志的创刊，标志着杂志、网络、报纸三位一体的政府采购信息管理体系建设工作基本完成。

（二）新时代改革

随着财政国库改革任务的圆满成功，我国的政府采购制度正在不断完善。其主要是从以下几个方面进行改革完善：

围绕提质增效，助推交易模式转型升级。一是推动集中采购目录及限额标准的规范统一，严格执行政府集中采购目录及限额标准，明确货物或服务项目分散采购限额标准。二是推进政府采购意向公开试点，协调教育、卫健、城管等部门将集中采购目录内和采购限额标准以上的政府采购项目采购意向公开进行先行试点。三是强化"互联网+政府采购"。推进政府采购网上公开信息系统应用，推进限额以上政府采购项目全部入驻公共资源交易中心，做到"应公开必公开""平台之外无交易"；持续推进网上超市应用，实现政府采购全流程电子交易。

围绕减负松绑，帮助企业降低交易成本。一是切实减轻企业负担，取消政府采购投标（响应）保证金、免收履约保证金或降低缴纳比例、允许通过保函等非现金方式提供、约束供应商行为等具体措施。二是降低供应商交易成本，统一纸质投标文件数量要求，采购人、采购代理机构对参加政府采购活动的供应商最多只能要求提交纸质投标文件一份；简化资格证明材料，以"信用+承诺"作为供应商准入条件，允许投标截止的当月成立但因税务机关或者社会保障资金管理机关原因而无法提供相关社保、税收缴纳证明材料的企业，提供依法缴纳税金证明或社会保障资金承诺书原件。

围绕公平公正，切实维护市场秩序公开透明。一是政府要着力规范交易规则，通过明确禁止性条款，为交易各方划定操作红线，针对资格条件、采购需求、评审环节、投标流程等进行规范，最大限度限制采购文件倾向性和人为设置的投标"陷阱"。二是政府要着力加强行业监管，督促采购人建立完善内控制度，明确政府采购内部审批流程及权限；督促采购人加强对确定采购需求、组织采购活动、履约验收及监督检查等重点环节的内部控制和风险防控，不断强化采购人主体责任，完善监理单位采购内控制度并报送备案；加大对采购代理机构的监管力度，组织开展年度政府采购代理机构考核，通过考核单位自评、现场考核、调查问卷等形式进行检查，要求机构对检查中发现的制度缺失、合同未按要求时间签订等问题进行整改，进一步规范政府采购代理机构的执业行为。

进入新时代以来，政府关于政府采购制度发布了一系列的改革文件，促进了各个领域的发展。政府通过制订政府采购脱贫地区农副产品工作的实施意见，积极组织预算单位采购脱贫地区农副产品，巩固脱贫攻坚的成果，通过开展全国首批政府采购支持绿色建材促进建筑品质提升试点，打造成绿色建筑、绿色建材产业集群高质量融合；通过《政府采购促进中小企业发展管理办法》施行，促进中小企业的发展等，使政府采购和结果绩效导向进一步凸显，政府采购活动进一步规范。加快政府采购与互联网融合发展，推进云计算、大数据、电子商务等新技术新业态、新模式在政府采购领域的应用，打通政府采购与预算管理、合同签订、资金支付全过程，是进一步规范全县预算单位政府采购行为，提高政府采购效率，降低采购成本，提升采购质量，优化营商环境的必然要求；是努力创建"公平、公正、公开"的政府采购生态的必然要求。

三、

国库集中支付制度

（一）概述

1. 基本概念

国库集中支付制度又称国库单一账户制度，是适应于当前经济市场的一种创新型财政资金管理制度。国库集中支付制度属于国库集中收付系统的重要组成部分，该制度的实施以国库单一账户体系为基础。从国库集中支付制度的实施流程来看，该制度是政府预算部门在完成预算指标下达、用款申请审批等一系列活动后，委托支付办理中心执行具体手续的一种财政管理制度。一般来讲，国库集中支付包括财政直接支付、财政授权支付两种形式。这两种支付形式的综合运用，有助于财政资金使用路径的多样化，其能够通过将财政资金从原来的中转调整为直达来大大提高财政资金的安全性、规范性、透明性以及有效性，对维护政府公信力发挥了积极作用。其中，财政直接支付是根据预算单位提请的用款计划而开展的支付行为。在实际操作中，财政部门需要作为支付主体，将资金直接支付到供应商、劳务单位账户。财政授权支付则是根据预算单位提请的用款计划，由预算单位自行开出支付令支付给供应商、劳务单位的支付方式。根据国库集中支付制度的相关规定，由商业银行代为支付的财政资金，需每日于财政部开设的国库单一账户进行清算。因此，国库集中支付制度的核心是财政预算制度，需要强大的财政预算管理和信息反馈系统支持，并以准确、及时的银行结算系统作保障。

2. 本质

国库集中支付制度的本质在于建设独立的国库账户体系，在具体实施中应当由财政相关部门在商业银行设立零余额账户，以此账户作为唯一的资金支付路径，再以直接制度或授权支付的模式将款项拨付给相关单位或个人。同时，以信息化财务支付系统和商业银行中的资金清算系统作为基础，预算单位结合相关需求向财政部门提出资金支付申请，财政部门在审核通过后完成相关的资金支付。财政部门通过以上模式，可以实现收支过程的直达，既提升了支付效率，确保财政资金的合理应用，还能避免资金浪费或贪污等情况的产生。

（二）新时代改革

1. 新时代国库集中支付制度改革存在的问题

（1）对国库集中支付制度改革认识不高。当下阶段，财政资金应用以国库集中支付制度作为主要模式，但是社会在发展，对于国库集中支付制度的改革面临严峻的形势，所以出现了一些新的观念，也产生了一些新的政策。虽然国库集中支付制度改革是必然趋势，但是由于相关人员对于国库集中支付制度改革认识不高，不能明确改革的必要性，因此其会影响国库集中支付制度改革发挥作用和体现价值。主要表现在以下方面：政府对于国库集中支付改革制度的重视程度不高，从而使社会大众以及相关人员对于政策的认识不够深入，难以理解其内涵。

此外，由于关联到一些单位或者部门利益，改革会受到一些影响，甚至会有一些单位或者部门对国库集中支付制度改革存在抵触心理，进而阻碍改革的顺利实施。部分人员认为改革没有必要性，因此难以得到相关人员或者社会大众的支持和配合。

（2）缺乏完善的预算管理体系。虽然当下国库集中支付制度的改革得到了落实，但是在实施过程中存在一些缺点和不足。首先，一些预算工作没有得到有效执行，并且所采取的预算管理模式较为单一，阻碍了改革的落实。另外，预算单位或者部门自身工作质量不理想，难以满足改革以后的预算需要，很多单位和部门不能实施精准预算，从而影响到国库支付。其次，预算审批较为被动，效率低，效果不理想。由于审批由人民代表大会负责，具体的结果是在次年 5 月份才传达到相关单位和部门，经历了较长的审批时间，从而导致预算审批不够科学合理。

另外，国库账户不能对预算资金实施有效管理，主要原因在于预算资金以外的资金主要渠道是财政的返还，国库账户不能针对资金进行合理区分，影响了预算资金管理的精准性和合理性。

（3）监管机制不健全。首先，国库集中支付制度改革以后，财政职权得到了强化，对预算单位和部门实施了全面的监督和管理，但是财政监督管理方面仍然存在问题。在财政监督管理方面，其主体是审计部门，虽然部门之间存在关联，但是审计部门与其他部门处于同级，而这会影响监督管理工作的有效落实。其次，单位内控虽然能够对预算单位和部门实施有效的监管，但是既有的内控机制仍然不够完善。

另外，在既有国库集中支付制度下，相关职权被下放到单位和部门以后，由单位和部门控制和应用预算资金，在这种情况下，单位和部门为了提高资金的利用率，会加大资金监管力度，并且会对相关的项目提出更高的要求。在新型支付制度应用下，政府部门往往将工作侧重于项目方面，资金则是由国库集中支付到相关单位或者部门，因此影响了监管工作的有效落实。

（4）支付制度实施面临困难。首先，国库集中支付制度改革突破了既有的局面和模式，而这会对相关的主体利益产生影响。如果关联到的主体利益受到影响，其就会对改革后的制度实施干预，进而影响支付制度的落实。比如在既有支付制度应用下，政府与银行之间虽然建立了良好的合作关系，但是在实施了国库集中支付制度改革以后，它们相互之间的关系会受到影响，从而损害政府与银行的利益，导致政府与银行在执行新制度过程中缺乏主动性。其次，在既往的支付模式下，预算单位在资金利用方面拥有自主权，对这些资金可以采取不同的方式产生经济利益。而在改革以后，采取的是国库集中支付，专款专项专用，以此规范资金的应用模式和应用途径。而一些单位和部门难以应用预算资金为单位和部门谋取利益，进而也会影响政策落实的动力。另外，国库集中支付制度改革会削弱代理银行参与的主动性。在改革以后，无论是预算单位账户还是财政账户，都需要实施归零，从而导致代理银行不能应用剩余资金，进而削弱代理银行的参与积极性。

2. 新时代制度发展对策建议

（1）强化国库集中支付制度改革认识。财务部门应采取有效措施开展国库集中支付制度改革方面的宣传工作，深化对国库集中支付制度改革的认识。各参与主体应明确国库集中支付制度改革的重要作用、价值以及意义，通过开展专业知识和专业技能的培训，了解和认识具体法规制度，提升负责人和财务人员的工作认识以及责任感。在这个过程中，政府需要采取有效措施加强对国库集中支付工作观念的普及，并且加大对于政策落实的监督力度，以此获得社会力量的支持和配合。确保国库集中支付制度改革获得群众基础，这是一个漫长的过程。对于此，我们应积极普及相关政策，推进财政国库集中支付制度的改革创新。

（2）完善预算管理体系。首先，对于预算编制存在的问题，我们需要加强完善预算管理体系，提升预算工作效率和质量。各单位和部门在有效完成预算编制工作以后，应确保审批落实。人民代表大会是预算审批的重要组成部分，对于预算的结果拥有监督权以及审批权。而在审批方面，人民代表大会通过专家小组保证审批工作得以积极展开和实施，增强了审批的科学性、合理性、精准性以及有效性。其次，增强预算的规范性以及实效性，合理划分相关科目，明确预算管理责任，从而制定更加规范标准的预算体系。再次，对于预算以外的资金为国库集中支付带来的影响，我们需要规范资金的审批和利用，并将资金纳入预算管理中。最后，我们需要有效落实预算评估工作，通过明确责任，增强预算主体的责任感、使命感以及动力。

（3）提高监管效率和质量。要有效落实国库集中支付制度改革，我们就必须健全监管机制，发挥其约束作用。首先，财务部门要注重自身的管理和发展。其次，在实施内部监管的前提下，加大内部审核力度，在预算中聘请专业团队制定科学专业的预算。最后，需要制定并落实奖惩机制，对于违反规定的行为、没有执行国库集中支付制度的相关单位或者部门要给予相应的惩处，以此产生警示效应，确保集中支付体系得到积极落实。另外，地方政府应加大审核力度，提高审计工作效率和质量；健全监管机制，对于预算单位实施账户审查；鼓励检讨行为，对于表现良好的人员给予一定的奖励，从而避免出现以权谋私的行为。

（4）完善国库集中支付制度。对于国库集中支付制度改革的影响因素，我们应给予关注和重视，通过制定完善的国库集中支付制度，推进国库集中支付制度得到有效落实。国库集中支付制度在应用中，需要得到管理部门的支持以及辅助。首先，政府应清晰自身责任，积极贯彻落实相关政策方针，并及时上报所制定的规划。管理部门依据具体执行时间采取保障措施，从而确保政府相关部门积极执行政策制度。其次，管理部门应制定完善的追踪体系以及奖惩机制。对于国库集中支付制度的执行过程，政府需要给予全面的监督和管理，对于一些违法违规行为，应打击惩处，以保证执行效果。例如，政府部门制定了奖惩机制以后，如果下属单位没有依据具体规定实施国库集中支付制度，那么政府部门应依据实际情况减少财政支付资金数额。

（5）提升业务人员综合素质。积极提升业务人员综合素质，为国库集中支付制度改革工作有效展开和实施奠定人才基础、创造有利条件。这就需要业务人员明确国库集中支付业务工作流程。财务部门要针对业务人员进行专业知识和技能的培训，使其及时掌握并有效应用相关政策和专业知识，从而确保国库集中支付制度改革得以实现。对于业务人员的监督和管理，财务部门要使业务人员明确工作内容以及自身工作职责，完善分工，实施有效管理，从而提高其工作效率和质量。综上，当前我国国库集中支付制度改革还存在一些问题，这需要政府采取有效措施解决存在的问题，为国库集中支付制度改革得以顺利实施奠定安全基础、创造有利条件。

三、

转移支付制度

（一）概述

1. 定义

转移支付主要包括企业转移支付及政府转移支付，其中政府之间的财政资金转移指的是财政转移支付，是中央政府财政支出中的一个重要组成部分，通常都是由上一级政府往下一级政府进行拨付补助，也是地方政府预算收入的重要构成，是一种收入再分配的方式。

转移支付制度的执行可以帮助国家有效改善上下级政府之间的财政收支不平衡、各地区之间的收支不平衡等问题，从而推动全国各地区之间的各项事业实现平衡协调发展。同时，有效执行转移支付制度也能促使各地政府按照国家制定的统一标准，给社会民众提供更加公平、优质的公共服务，进而实现公共服务均等化的目标。

2. 形式

在国内，政府间的转移支付形式可以细分为四种类型，即一般性转移支付、专项转移支付、特殊转移支付及税收返还。

（1）一般性转移支付。这类转移支付主要是给各地区支付的财力补助，主要目的是缩小不同地区的财政收支差异，弥补经济不发达地区的财力缺口，进而提升地方的基本公共服务质量。一般转移支付的资金是在公平、公正及优先照顾边远、贫困地区的原则上，根据统一公式计算，通常也不会规定具体的用途，具体怎么使用主要依据当地标准、财政收入等因素，由接收拨款的地方政府自主决定和安排资金的分配及使用。

（2）专项转移支付。这类转移支付的本质就是专款专用，即为了实现特定的经济目标，上级政府给下级政府拨付相应的专项款项，而接收款项的地方政府要根据上级政府规定的用途来分配和使用这项资金。专项转移支付的资金设有专门的管理办法，根据客观因素进行分配。但这个过程中要严格防控私自挪用或者挤占的现象出现，因为时常会因缺乏有效性约束及效益评估而出现资金使用率比较低、分配方法不合理等问题。

（3）特殊转移支付。它指的是出现非意外的严重灾难时或者因为上级政府颁布的政策给地方政府造成影响的时候，上级政府给下级政府进行的转移支付。因为特殊转移支付是偶发性的，不会经常发生，所以需要编制明确的法律条文加以规范。

（4）税收返还。它指的是中央政府根据国家相关规定通过先征后返等方式给地方政府返还相应的税款。这也是一种以财政优惠形式给地方政府的补助。

3. 主要功能

（1）弥补财政缺口

很多国家都是运用转移支付来减小上下级政府之间的收支差异。虽然中央政府也能够通过赋予地方政府更多的财权来弥补财政上的缺口，但是这样会增大中央政府的支出负担。目前，许多国家的各级政府之间依然存在收支不对等的情况，所以政府间的转移支付依然发挥着不可替代的作用。

（2）有利于促使地方政府提供公平的基本公共服务

中央政府通过转移支付可以为地方政府提供足够的资金支持，使其可以社会民众提供公平的基本公共服务。因为公共物品供给能力差异会对教育、基础设施建设、收入分配等诸多方面产生不利影响，而通过转移支付，地方政府有了足够的资金进行公共物品平均分配，从而实现基本公共服务实现均等化目标。

（3）提高地方政府的财政管理水平

转移支付规模的持续增大，不仅能为各级政府职能的有效发挥提供有力保障，而且能促进基本公共服务实现均等化，保障及改善社会民众生活质量，促使经济社会保持稳健发展。

（4）解决政府活动在辖区之间的外溢性

在地方政府的服务溢出到外部区域的时候，其应制定配套的拨款方案，使资金可以根据中央政府指示流向合适的领域，从而确保地方政府可以不断地给社会民众提供优质的公共服务。

4. 我国转移支付制度的阶段性特征

我国不同阶段的转移支付的基本特征可以归纳如下：

（1）1994—2001 年：过渡期的转移支付。为适应分税制财政体制改革，以税收返还维持地方基本财力和保护地方既得利益，并使用过渡期转移支付这种新的规范的补助方式对困难地区实行财政转移支付。

（2）2002—2008 年：探索期的转移支付。转移支付规模扩张迅速，但项目评定及管理方面有待规范。

（3）2009—2018 年：初步完善的转移支付。一般性转移支付和专项转移支付目标明确，尤其强调均衡性转移支付在促进地区间基本公共服务均等化的作用。

（4）2019年至今：契合国家财政治理的现代转移支付。引领中央和地方政府进行分领域共同财政事权和支出责任划分改革。

2019年，中央对转移支付作出了重大调整。其中一般性转移支付大类项目中增加了一项"共同财政事权转移支付"，原有的专项转移支付中（以2018年为参照）有46项专项转移支付划分到现在的共同财政事权转移支付中，并归入一般性转移支付项目进行管理。此外，以往单列的税收返还也首次被纳入一般性转移支付。2020年，中央新增"特殊转移支付"，与"一般性转移支付"以及"专项转移支付"并列。特殊转移支付作为一次性财力安排，主要用于地方落实"六保"任务，即用于保居民就业、保基本民生、保市场主体、保粮食能源安全、保产业链供应链稳定、保基层运转。

（二）财政转移支付制度中现存的问题

1. 财政转移支付制度目标不明确

目前，国内的财政转移支付和税务制度改革是相连的，其主要目的是对城乡收入差异进行有效平衡，改善社会收入结构，为低收入人群提供社会福利保障，刺激和振兴地方经济。转移支付制度依然采用"存量不动、增量调整"的方式，这无形中对中央可调动的资源总量形成了限制，再加上地方转移目标不明确，因而产生了转移的差异，弱化了转移支付调节经济发展的能力。

2. 财政转移支付比例不合理

在国内，转移支付涉及的范围太广，缺乏灵活性。这主要是因为转移支付结构有一些不合理的地方。比如，偏重于地方保护的转移支付制度，导致中央政府移送的资金时常会被省、市各级政府节流，真正转到乡政府、镇政府、村委会等基层的资金不管是在数量上还是用途上都已无法达到预期目标。另外，在转移支付资金的使用上，工资调整、农村税费、资源枯竭型城市补贴等所占比例比较大，而用到民生的补贴、扶持小型企业发展及创业园发展的资金比例要少很多，无法真正达到调节经济的目的。

3. 财政转移支付管理不规范，监督机制不健全

对于财政转移支付而言，其依然存在资金调度渠道分散、资金整合能力不足等问题，这也导致转移支付期间在资金使用方向及使用人员的监管方面依然有欠缺，地方人大及审计监督部门无法真正有效地监管资金的使用，中央政府也很难把控资金的使用方向，且有关问责及处罚制度等在执行的时候也会面临重重阻碍，从而弱化了财政转移支付的功能及监督作用。

（三）新时代转移支付制度的完善优化

1. 准确划分各级政府间事权与财权范围

首先，中央政府及地方政府都应明确自身的职能，从而国家应根据相应的政府职能、公共服务受益范围以及经济活动的规模，划分政府之间的事权。国家应根据中央政府供给全国性公共物品，地方政府供给区域性公共物品的原则，明确层级政府的工作职能，并通过相应的法律或是规章制度，规范各级政府的事权。只有事权明确了，才可从根本上对财权进行划分。其次，国家在财权的制定前需要对地方的公共服务质量展开绩效核查，找出地方政府公共服务管理中存在的问题，对民众的感受展开调查后，方可初步确定地方政府所需的转移支付金额。最后，在税收归属中，对流动性生产要素征收的税金应当纳入中央的税收范围；反之，则应当归属至地方，以此保证地方政府的经济发展水平，保障公共服务的质量。

2. 优化转移支付的方式

首先，传统的转移支付计算方式比较落后，偏向于维护地方利益，这种计算方法会出现地方政府资金下拨不准确的问题，政府应当逐步缩小计算方法的适用范围，进而采用现代化的"因素法"进行计算。"因素法"指的是在调查地方政府的财政运行情况及资金支出需求之后，明确划拨资金规模的方法，从根本上保证资金下拨的公平公正，有效减少地区之间的矛盾，在提升地方财政支出管理效率的同时，保证社会的正常运转。其次，由于税收返还具有逆均等化调节的缺陷，中央政府应当直接降低这部分的费用或者直接取消，保证一般性转移支付成为主要的转移支付方式。随着我国社会经济的进一步发展，一般性转移支付方式在转移支付中的占比逐渐提高，但是还需要进一步调整升高，才能真正优化转移支付的方式。同时，中央政府在进行专项支付时，可适当降低落后地区财政资金的配套比例，并在严格考核落后地区财政需求之后实施各项优惠的政策，确保专项补助落到实处。

3. 完善监督评价体系

转移支付纳入法律体系是切实保证政府资金合法合规使用的重要基础，是实现公共服务均等化的重要保障。首先，中央政府在明确转移支付各项工作的职责及目标的前提下，根据转移支付的各个环节制定相关的法律条例，同时明确各级政府的职责，在法律的约束下进行合理的运作，并对违法行为进行严肃处理，这样才能充分保证转移支付的公平，促进经济效益、社会效益和生态效益的提升。其次，在转移支付工作的管理过程中，中央政府需要切实将支付的绩效评价与民生考核指标结合，形成科学的管理体系，同时将公共服务管理的结果纳入政绩考核，这样才能实现全民共同监督转移支付资金的使用的目标。

4. 建立纵横交错的转移支付制度

目前，我国比较注重纵向转移支付方式的发展，却忽略了横向转移支付方式的发展，但是建立横向转移支付方式制度化的运行体系是极为必要的，这主要体现在以下几点：

（1）中央财政有限。社会经济在快速发展，但是整个国家的经济实力仍然有待提高，并不能全盘将资金投入地区经济发展。只靠中央财政支撑公共服务均等化，无法改变各地区经济发展不平衡的事实，国家必须大力发展横向支付，才可能推动地方经济的快速发展。

（2）我国东、西部地区因地理资源禀赋等不同，社会经济发展不平衡，东部地区具备较强的经济实力，应当大力加强横向转移支付，减少中央财政的压力，以便国家资金更好地支援欠发达地区。

（3）落后地区因经济发展比较落后，很多人到经济相对发达地区工作，带动了发达地区经济的增长。因此，经济相对发达地区应当发挥带头作用，明确自身横向转移支付的责任与义务，这样才能进一步促进社会的和谐发展。

四、

主要税种的税收政策调整

（一）增值税相关政策调整

（1）降低税率。中国在 2016 年全面实施"营改增"后，增值税进入以降税率为主的深化改革。2017 年政府取消 13% 档增值税税率，将四档税率改为三档税率。2018 年政府降低 17% 税率和 11% 税率 1 个百分点，改革后的增值税适用税率分为 16%、10% 和 6% 三档。2019 年 4 月 1 日政府进一步分别降低 16% 税率和 10% 税率 3 个百分点和 1 个百分点，改革后的增值税适用税率分为 13%、9% 和 6% 三档。

（2）全面试行期末留抵退税。在 2018 年部分行业试行的基础上，2019 年政府将留抵退税扩大到全行业。以 2021 年 4 月起，政府将运输设备、电气机械、仪器仪表、医药、化学纤维等制造业企业纳入先进制造业企业增值税留抵退税政策范围，实行按月全额退还增量留抵税额。

（3）将不动产由分两年抵扣改为一次性全额抵扣；将国内旅客运输服务纳入抵扣。

（4）为应对新型冠状病毒感染疫情的冲击，政府阶段性减免增值税小规模纳税人增值税。具体包括：

①符合政策规定的增值税小规模纳税人，自 2023 年 1 月 1 日至 2023 年 12 月 31 日，对月销售额 10 万元以下（含本数）的增值税小规模纳税人，免征增值税。

②符合政策规定的小规模纳税人，自 2023 年 1 月 1 日至 2023 年 12 月 31 日，增值税小规模纳税人适用 3% 征收率的应税销售收入，减按 1% 征收率征收增值税；适用 3% 预征率的预缴增值税项目，减按 1% 预征率预缴增值税。

③符合政策规定的生产性服务业纳税人，2023 年 1 月 1 日至 2023 年 12 月 31 日，允许生产性服务业纳税人按照当期可抵扣进项税额加计 5%，抵减应纳税额。生产性服务业纳税人是指提供邮政服务、电信服务、现代服务取得的销售额占全部销售额的比重超过 50% 的纳税人。

④符合政策规定的生活性服务业纳税人，2023 年 1 月 1 日至 2023 年 12 月 31 日，

允许生活性服务业纳税人按照当期可抵扣进项税额加计 10%，抵减应纳税额。生活性服务业纳税人是指提供生活服务取得的销售额占全部销售额的比重超过 50% 的纳税人。生活服务业包括文化体育、教育医疗、旅游娱乐、餐饮住宿、居民日常服务和其他生活服务。

（二）企业所得税调整

财政部发布了是《国家税务总局关于落实小型微利企业所得税优惠政策征管问题的公告》，对企业所得税政策进行了调整。此举旨在推动企业发展，增强企业竞争力，同时确保税收收入的平衡和稳定。

1. 加强对优惠政策的申报管理

为确保企业所得税政策的公开透明，财政部将加强对优惠政策的申报管理，规范相关审批程序和标准，并建立政策数据库，实现政策的全程跟踪和监管。

2. 进一步提高小微企业的税收优惠政策

针对小微企业的发展需求和税负问题，财政部将继续加大对小微企业的税收优惠政策支持，在落实减税降费政策的基础上，进一步扩大免除税额和适用税率范围。

（1）对小型微利企业年应纳税所得额超过 100 万元但不超过 300 万元的部分，减按 25% 计入应纳税所得额，按 20% 的税率缴纳企业所得税。

（2）该公告所称小型微利企业，是指从事国家非限制和禁止行业，且同时符合年度应纳税所得额不超过 300 万元、从业人数不超过 300 人、资产总额不超过 5 000 万元三个条件的企业。从业人数，包括与企业建立劳动关系的职工人数和企业接受的劳务派遣用工人数。所称从业人数和资产总额指标，应按企业全年的季度平均值确定。具体计算公式如下：

季度平均值=（季初值+季末值）÷2

全年季度平均值=全年各季度平均值之和÷4

年度中间开业或者终止经营活动的，以其实际经营期作为一个纳税年度确定上述相关指标。

3. 完善产业结构调整的税收扶持政策

对于在结构调整、技术改造等方面发挥重要作用的产业，财政部将给予一定的税收扶持政策，对相关企业实施降低所得税税率、加速折旧、加速扣除和免除税款等措施，为企业提供更加优质的服务和更多的支持。

4. 境外机构投资境内债券市场企业所得税

为进一步推动债券市场对外开放，自 2018 年 11 月 7 日起至 2021 年 11 月 6 日止，对境外机构投资境内债券市场取得的债券利息收入暂免征收企业所得税和增值税。上述暂免征收企业所得税的范围不包括境外机构在境内设立的机构、场所取得的与该机构、场所有实际联系的债券利息。

5. 针对科技企业的税收优惠政策

（1）研发费用加计扣除

对于企业的研发费用，政府采取加计扣除的形式，企业可获得税前减免。具体要求是，研发费用必须真实、合理、与企业发展相关。

（2）技术入股

对于通过技术成果入股的企业，其所得税税率可以相应下降。

（3）国际合作税收优惠

符合条件的企业，参与到与境外科技企业合作的科技创新项目，将享受相关税收优惠政策。

6. 对环境保护、节能节水项目、资源综合利用企业所得税优惠

企业从事属于《财政部 国家税务总局 国家发展改革委关于公布环境保护节能节水项目企业所得税优惠目录（试行）的通知》（财税〔2009〕166号）和《财政部 国家税务总局 国家发展改革委关于垃圾填埋沼气发电列入〈环境保护、节能节水项目企业所得税优惠目录（试行）〉的通知》（财税〔2016〕131号）中目录规定范围的项目，2021年12月31日前已进入优惠期的，可按政策规定继续享受至期满为止；企业从事属于《环境保护、节能节水项目企业所得税优惠目录（2021年版）》规定范围的项目，若2020年12月31日前已取得第一笔生产经营收入，可在剩余期限享受政策优惠至期满为止。

企业从事资源综合利用属于《财政部 国家税务总局 国家发展改革委关于公布资源综合利用企业所得税优惠目录（2008年版）的通知》（财税〔2008〕117号）中目录规定范围，但不属于《资源综合利用企业所得税优惠目录（2021年版）》规定范围的，可按政策规定继续享受优惠至2021年12月31日止。

税务机关在后续管理中，如不能准确判定企业从事的项目是否属于《环境保护、节能节水项目企业所得税优惠目录（2021年版）》，以及资源综合利用是否属于《资源综合利用企业所得税优惠目录（2021年版）》规定的范围，可提请省级以上（含省级）发展改革和生态环境等部门出具意见。

7. 对生产和装配伤残人员专门用品企业免征企业所得税

为帮助伤残人员康复或者恢复残疾肢体功能，政府对生产和装配伤残人员专门用品的企业免征企业所得税政策明确如下：

2021年1月1日至2023年12月31日期间，对符合下列条件的居民企业，免征企业所得税：①生产和装配伤残人员专门用品，且在民政部发布的《中国伤残人员专门用品目录》范围之内。②以销售本企业生产或者装配的伤残人员专门用品为主，其所取得的年度伤残人员专门用品销售收入（不含出口取得的收入）占企业收入总额60%以上。收入总额，是指《中华人民共和国企业所得税法》第六条规定的收入总额。

③企业账证健全，能够准确、完整地向主管税务机关提供纳税资料，且本企业生产或者装配的伤残人员专门用品所取得的收入能够单独、准确核算。④企业拥有假肢制作师、矫形器制作师资格证书的专业技术人员不得少于 1 人；其企业生产人员如超过 20人，则其拥有假肢制作师、矫形器制作师资格证书的专业技术人员不得少于全部生产人员的 1/6。⑤具有与业务相适应的测量取型、模型加工、接受腔成型、打磨、对线组装、功能训练等生产装配专用设备和工具。⑥具有独立的接待室、假肢或者矫形器（辅助器具）制作室和假肢功能训练室，使用面积不少于 115 平方米。

符合本公告规定条件的企业，按照《国家税务总局关于发布修订后的〈企业所得税优惠政策事项办理办法〉的公告》（国家税务总局公告 2018 年第 23 号）的规定，采取"自行判别、申报享受、相关资料留存备查"的办理方式享受税收优惠政策

8. 促进集成电路产业和软件产业高质量发展企业所得税政策

国家鼓励的集成电路线宽小于 28 纳米（含），且经营期在 15 年以上的集成电路生产企业或项目，第一年至第十年免征企业所得税；国家鼓励的集成电路线宽小于 65 纳米（含），且经营期在 15 年以上的集成电路生产企业或项目，第一年至第五年免征企业所得税，第六年至第十年按照 25% 的法定税率减半征收企业所得税；国家鼓励的集成电路线宽小于 130 纳米（含），且经营期在 10 年以上的集成电路生产企业或项目，第一年至第二年免征企业所得税，第三年至第五年按照 25% 的法定税率减半征收企业所得税。

对于按照集成电路生产企业享受税收优惠政策的，优惠期自获利年度起计算；对于按照集成电路生产项目享受税收优惠政策的，优惠期自项目取得第一笔生产经营收入所属纳税年度起计算，集成电路生产项目需单独进行会计核算、计算所得，并合理分摊期间费用。

国家鼓励的集成电路设计、装备、材料、封装、测试企业和软件企业，自获利年度起，第一年至第二年免征企业所得税，第三年至第五年按照 25% 的法定税率减半征收企业所得税。

国家鼓励的重点集成电路设计企业和软件企业，自获利年度起，第一年至第五年免征企业所得税，接续年度减按 10% 的税率征收企业所得税。

根据财政部、税务总局、发展改革委、工业和信息化部公告 2020 年第 45 号《关于促进集成电路产业和软件产业高质量发展企业所得税政府的公告》：符合原有政策条件且在 2019 年（含）之前已经进入优惠期的企业或项目，2020 年（含）起可按原有政策规定继续享受至期满为止，如也符合该公告第一条至第四章规定，可按该公告规定享受相关优惠，其中定期减免优惠，可按该公告规定计算优惠期，并按剩余期限享受优惠至期满为止。符合原有政策条件，2019 年（含）之前尚未进入优惠期的企业或项目，2022 年（含）起不再执行原有政策。

集成电路企业或项目、软件企业按照本公告规定同时符合多项定期减免税优惠政策条件的，由企业选择其中一项政策享受相关优惠。其中，已经进入优惠期的，可由企业在剩余期限内选择其中一项政策享受相关优惠。

9. 延续西部大开发企业所得税政策

自 2021 年 1 月 1 日起至 2030 年 12 月 31 日止，对设在西部地区的鼓励类产业企业减按 15% 的税率征收企业所得税。此处所称鼓励类产业企业是指以《西部地区鼓励类产业目录》中规定的产业项目为主营业务，且其主营业务收入占企业收入总额 60% 以上的企业。

10. 研发费用税前加计扣除政策

符合政策规定的企业，企业开展研发活动中实际发生的研发费用，未形成无形资产计入当期损益的，在按规定据实扣除的基础上，自 2023 年 1 月 1 日起，再按照实际发生额的 100% 在税前加计扣除；形成无形资产的，自 2023 年 1 月 1 日起，按照无形资产成本的 200% 在税前摊销。

11. 小微企业优惠政策

扩大小微企业认定范围和加大税收优惠力度。认定标准方面，不分企业所处行业，将从业人数低于 300 人，资产总额不超过 5 000 万的企业认定为小微企业。税收优惠力度方面，对于年应纳税所得额 100 万元以下的，自 2021 年 1 月 1 日起至 2022 年 12 月 31 日止，减按 12.5% 计入应纳税所得额，按 20% 的税率缴纳企业所得税；年应纳税所得额 100 万至 300 万元的，减按 50% 计入应纳税所得额，按 20% 的税率缴纳企业所得税。

总之，财政部的这一系列调整措施将有助于优化企业税收政策，完善税收体系，激励企业发展，促进经济发展。各级政府和相关部门应积极落实这些政策，为企业营造良好的税收环境，推动经济发展和社会进步。

（三）个人所得税调整

个人所得税自 2018 年 10 月 1 日开始进行改革，由基本扣除改为基本扣除和专项附加扣除相结合。在基本减除费用标准每月由 3 500 元提高到 5 000 元基础上，适用新税率表，优化税率结构，拉大 3%、10%、20% 税率级距，缩小 25% 税率级距，维持 30%、35%、45% 税率级距不变，使中低收入者个税负担大幅降低。同时实行综合与分类相结合的个人所得税改革，将工薪所得、劳务所得、特许权使用费所得和稿酬所得由分类征收改为综合征收，从而更有效地发挥个人所得税调节收入公平的作用。自新型冠状病毒感染疫情以来，为了减轻个人税费，促进国内消费，政府又增加了有关个税的优惠政策，具体包括：

（1）英才税收优惠政策

英才指符合一定条件，从事高精尖领域的技术人才。根据新的优惠政策，英才和科学家的综合所得减除额可以达到 60 万元，其他英才可享受 45 万元的综合所得减除额。

（2）股票期权

根据新的政策，股票期权所得的收入，将从原来的纳税时点改为行权时点，免征个人所得税。而未行权的股票期权一旦转让，将纳入个人所得税的征税范围。

（3）保险购买费用税前扣除

使用税前薪酬购买商业健康保险，其购买费用可以作为个人所得税的扣除项。

除此之外，为支持我国企业创新发展和资本市场对外开放，财政部税务总局就有关个人所得税优惠政策公告如下：

（1）《财政部税务总局关于延续实施全年一次性奖金等个人所得税优惠政策的公告》（财政部税务总局公告 2021 年第 42 号）中规定的上市公司股权激励单独计税优惠政策，自 2023 年 1 月 1 日起至 2023 年 12 月 31 日止继续执行。

（2）《财政部税务总局证监会关于继续执行沪港、深港股票市场交易互联互通机制和内地与香港基金互认有关个人所得税政策的公告》（财政部税务总局证监会公告 2019 年第 93 号）中规定的个人所得税优惠政策，自 2023 年 1 月 1 日起至 2023 年 12 月 31 日止继续执行。

具体调整事项如下：

（1）居民个人取得股票期权、股票增值权、限制性股票、股权奖励等股权激励，符合规定的，不并入当年综合所得，全额单独适用综合所得税率表，计算纳税。计算公式：应纳税额＝股权激励收入×适用税率−速算扣除数。

（2）对内地个人投资者通过沪港通、深港通投资香港联交所上市股票取得的转让差价所得和通过基金互认买卖香港基金份额取得的转让差价所得，暂免征收个人所得税。

除了上述两条最新公布的个人优惠政策之外，还有一部分 2022 年年底到期的优惠政策，在 2023 年依然继续执行，具体如下：

（1）新型冠状病毒感染疫情防控相关政策

对参加疫情防治工作的医务人员和防疫工作者按规定取得的临时性工作补助和奖金，单位发给个人用于预防新型冠状病毒感染的药品、医疗用品和防护用品等实物（不包括现金），免征个人所得税，执行期限延长至 2023 年 12 月 31 日。

（2）免于办理个人所得税综合所得汇算清缴

对居民个人取得的综合所得，年度综合所得收入不超过 12 万元且需要汇算清缴补税的，或者年度汇算清缴补税金额不超过 400 元的，居民个人可免于办理个人所得税综合所得汇算清缴。

（3）自主就业退役士兵创业就业

自主就业退役士兵从事个体经营的，自办理个体工商户登记当月起，在 3 年（36个月）内按每户每年 12 000 元为限额依次扣减当年实际应缴纳的增值税、城市维护建设税、教育费附加、地方教育附加和个人所得税，限额标准最高可上浮 20%。

（4）支持和促进重点群体就业创业

建档立卡贫困人口、持《就业创业证》注明"自主创业税收政策"或"毕业年度内自主创业税收政策"）或《就业失业登记证》（注明"自主创业税收政策"）的人员，从事个体经营的，自办理个体工商户登记当月起，在 3 年（36 个月）内按每户每年 12 000 元为限额依次扣减其当年实际应缴纳的增值税、城市维护建设税、教育费附加、地方教育附加和个人所得税。限额标准最高可上浮 20%

（5）外籍个人有关津补贴

对外籍个人符合居民个人条件的，可选择享受个人所得税专项附加扣除，也可选择按相关规定享受住房补贴、语言训练费、子女教育费等津补贴免税优惠政策，但不得同时享受。

以上就是税务总局对"营改增"、个人及企业所得税优惠政策的调整，改革的目的是更好地适应当前国家经济形势的发展，进一步加强税收政策的专业性和实用性，拓宽税收优惠的范围，提高纳税人的福利。税收政策的调整具有重要的意义和影响，它将会直接影响到纳税人以及企业的发展。因此，我们需要及时关注最新的税收政策信息，以便有效地获得更为优惠的税收政策。同时，纳税人也应加强自身的税收知识储备，以便能够更好地理解税收政策，从而更准确地履行自己的税收义务。

五、

新发展理念下的
税费优惠政策

党的十九大报告作出了"我国经济已由高速增长阶段转向高质量发展阶段"的科学论断。党的二十大报告更进一步指出："高质量发展是全面建设社会主义现代化国家的首要任务。"党的十九大以后的五年，是全面贯彻新发展理念，推动高质量发展的五年。新发展理念全面体现了我国经济转型发展的内在要求。创新、协调、绿色、开放、共享的新发展理念，是以习近平同志为核心的党中央在深刻总结国内外发展经验教训的基础上，深刻分析国内外发展大势提出的发展指导思想。它从多个方面回应了我国发展中存在的突出矛盾和问题，为推动我国经济实现高质量发展指明了前进方向。为了实现高质量经济发展，政府对相关税收政策进行了调整。

（一）支持协调发展的税收政策

新发展理念中的协调发展是高质量发展的重要衡量标准，我们要坚持统筹兼顾、综合平衡，补齐短板、缩小差距，努力推动形成各区域各领域欣欣向荣、全面发展的景象。

为深入贯彻落实协调发展理念，增强发展的平衡性、包容性、可持续性，促进各区域各领域各方面协同配合、均衡一体发展，国家实施了一系列税费优惠政策，共涵盖 216 项支持协调发展的税费优惠政策指引。

1. 支持区域协同发展税费优惠

为深入实施区域协调发展战略、区域重大战略、主体功能区战略，优化重大生产力布局，构建优势互补、高质量发展的区域经济布局和国土空间体系，国家在支持民族地区发展、推动西部大开发战略、加强边境地区建设，高质量建设海南自由贸易港等特定区域方面出台了多项税费优惠政策。如 2023 年 7 月 2 日国家税务总局发布了《支持协调发展税费优惠政策指引》，其中具体包括：

（1）民族区域税费优惠。

①民族自治地方企业减征或免征属于地方分享的企业所得税。。

②新疆困难地区新办企业定期减免企业所得税。

③新疆喀什、霍尔果斯特殊经济开发区新办企业定期免征企业所得税。

（2）西部地区税费优惠。

①设在西部地区的鼓励类产业企业减按15%的税率征收企业所得税。

②探矿权采矿权使用费减免。

③青藏铁路公司及其所属单位营业账簿免征印花税。

④青藏铁路公司货物运输合同免征印花税。

⑤青藏铁路公司及其所属单位自采自用的砂、石等材料免征资源税。

⑥青藏铁路公司及其所属单位承受土地、房屋权属用于办公及运输免征契税。

⑦青藏铁路公司及其所属单位自用的房产免征房产税。

⑧青藏铁路公司及其所属单位自用的土地免征城镇土地使用税。

（3）边境地区税费优惠。

①边销茶销售免征增值税。

②边民互市限额免征进口关税和进口环节税。

（4）特定区域税费优惠。

①海南自由贸易港鼓励产业企业减按15%税率征收企业所得税。

②海南自由贸易港旅游业、现代服务业、高新技术产业企业新增境外直接投资取得的所得免征企业所得税。

③海南自由贸易港企业固定资产及无形资产一次性扣除。

④海南自由贸易港企业固定资产及无形资产加速折旧、摊销。

⑤海南自由贸易港高端紧缺人才个人所得税超税负部分免征。

⑥中国（上海）自由贸易试验区临港新片区免征增值税。

⑦中国（上海）自由贸易试验区临港新片区内重点产业减征企业所得税。

⑧横琴、平潭实验区企业销售货物免征增值税。

⑨横琴、平潭试验区企业销售货物免征消费税。

⑩福建平潭综合实验区鼓励类产业企业减按15%税率征收企业所得税。

⑪福建平潭综合实验区差额免征个人所得税。

⑫深圳前海深港现代服务业合作区鼓励类产业企业减按15%税率征收企业所得税。

⑬横琴粤澳深度合作区企业固定资产及无形资产一次性扣除。

⑭横琴粤澳深度合作区企业固定资产及无形资产加速折旧、摊销。

⑮横琴粤澳深度合作区旅游业、现代服务业、高新技术产业企业新增境外直接投资取得的所得免征企业所得税。

⑯横琴粤澳深度合作区鼓励类产业企业减按15%税率征收企业所得税。

⑰横琴粤澳深度合作区境内外高端人才和紧缺人才个人所得税优惠。

⑱横琴粤澳深度合作区工作的澳门居民个人所得税超税负部分免征。

⑲广州南沙鼓励类产业企业减按15%税率征收企业所得税。

⑳广州南沙高新技术重点行业企业延长亏损结转年限。

㉑广州南沙工作的香港居民和澳门居民个人所得税超税负部分免征。

2. 支持城乡一体发展税费优惠

为加快城乡融合发展，深入推进新型城镇化建设，促进产业结构转型升级和区域协调发展，国家在支持城乡住房发展、加快城乡基础设施建设、培植城乡产业核心竞争力等方面出台了多项税费优惠政策，如2023年7月20日国家税务总局发布了《支持共享发展税费优惠政策指引》，其中具体包括：

（1）促进城乡住房发展税费优惠。

①易地扶贫搬迁贫困人口有关收入免征个人所得税。

②易地扶贫搬迁贫困人口取得安置住房免征契税。

③易地扶贫搬迁项目实施主体取得建设土地免征契税、印花税。

④易地扶贫搬迁项目实施主体、项目单位免征印花税。

⑤易地扶贫搬迁安置住房用地免征城镇土地使用税。

⑥易地扶贫搬迁项目实施主体购置安置房源免征契税、印花税。

⑦符合条件的棚户区改造支出准予企业所得税税前扣除。

⑧改造安置住房建设用地免征城镇土地使用税。

⑨改造安置住房免征相关印花税。

⑩转让旧房作为改造安置住房房源免征土地增值税。

⑪经营管理单位回购改造安置住房继续作为改造安置房源免征契税。

⑫经济适用住房建设用地免征城镇土地使用税。

⑬经济适用住房经营管理单位免征相关印花税。

⑭转让旧房作为经济适用住房房源免征土地增值税。

⑮回购经济适用住房作为经济适用住房房源免征契税。

⑯公租房租金收入免征增值税。

⑰捐赠住房作为公租房按照公益性捐赠在企业所得税前扣除。

⑱捐赠住房作为公租房按照公益性捐赠在个人所得税前扣除。

⑲公租房免征房产税。

⑳出租公共租赁住房免征房产税。

㉑公租房用地免征城镇土地使用税。

㉓公租房经营管理单位免征相关印花税。

㉔签订公租房租赁协议免征印花税。

㉕转让旧房作为公租房房源免征土地增值税。

㉖公租房经营管理单位购买住房作为公租房免征契税。

（2）加快城乡公共设施建设税费优惠。

①国家重点扶持的公共基础设施项目企业所得税"三免三减半"。

②市政街道、广场、绿化地带等公共用地免征城镇土地使用税。

③城市公共交通用地免征城镇土地使用税。

④铁路、公路、飞机场跑道等公用设施占用耕地减征耕地占用税。

⑤水利设施用地免征城镇土地使用税。

⑥农村电网维护费免征增值税。

⑦农田水利设施占用耕地不征耕地占用税。

⑧国家重大水利工程建设基金免征城市维护建设税。

⑨农村饮水安全工程新建项目投资经营所得企业所得税"三免三减半"。

⑩农村饮水安全工程免征增值税。

⑪农村饮水安全工程运营管理单位自用房产免征房产税。

⑫农村饮水安全工程运营管理单位自用土地免征城镇土地使用税。

⑬建设农村饮水安全工程承受土地使用权免征契税。

⑭农村饮水安全工程免征印花税。

（3）培植城乡核心竞争力税费优惠。

①高新技术企业减按15%税率征收企业所得税。

②高新技术企业和科技型中小企业亏损结转年限延长至10年。

③技术先进型服务企业减按15%税率征收企业所得税。

④研发费用加计扣除。

⑤委托境外研发费用加计扣除。

⑥软件产品增值税超税负部分即征即退。

⑦国家鼓励的软件企业定期减免企业所得税。

⑧国家鼓励的重点软件企业定期减免企业所得税。

⑨软件企业取得即征即退增值税款用于软件产品研发和扩大再生产的可作为不征税收入。

⑩符合条件的软件企业职工培训费用按实际发生额税前扣除。

⑪企业外购软件缩短折旧或摊销年限。

⑫集成电路重大项目企业增值税留抵税额退税。

⑬集成电路企业退还的增值税期末留抵税额在城市维护建设税、教育费附加和地方教育附加的计税（征）依据中扣除。

⑭承建集成电路重大项目的企业进口新设备可分期缴纳进口增值税。

⑮线宽小于0.8微米的集成电路生产企业定期减免企业所得税。

⑯线宽小于0.25微米的集成电路生产企业定期减免企业所得税。

⑰投资额超过80亿元的集成电路生产企业定期减免企业所得税。

⑱投资额超过150亿元的集成电路生产企业或项目定期减免企业所得税。

⑲国家鼓励的线宽小于28纳米的集成电路生产企业或项目定期减免企业所得税。

⑳国家鼓励的线宽小于65纳米的集成电路生产企业或项目定期减免企业所得税。

㉑国家鼓励的线宽小于130纳米的集成电路生产企业或项目定期减免企业所得税。

㉒国家鼓励的线宽小于130纳米的集成电路生产企业延长亏损结转年限。

㉓国家鼓励的集成电路设计、装备、材料、封装、测试企业定期减免企业所得税。

㉔国家鼓励的重点集成电路设计企业定期减免企业所得税。

㉕集成电路生产企业生产设备缩短折旧年限。

㉖重大技术装备进口免征增值税。

㉗科学研究机构、技术开发机构、学校等单位进口免征增值税、消费税。

㉘技术转让、技术开发和与之相关的技术咨询、技术服务免征增值税。

㉙技术转让所得减免企业所得税。

㉚技术成果投资入股递延纳税。

3. 支持两个文明平衡发展税费优惠

中国式现代化是物质文明和精神文明相协调的现代化，在不断厚植现代化物质基础、夯实人民幸福生活物质条件的同时，要大力发展社会主义先进文化。国家围绕提高社会文明程度、提升公共文化服务水平、健全现代文化产业体系、推进对外文化交流发展等方面出台了多项税费优惠政策，具体包括：

（1）助力社会文明程度提高税费优惠。

①图书批发、零售免征增值税。

②对部分出版物在出版环节实行增值税100%先征后退。

③对部分出版物在出版环节实行增值税50%先征后退。

④对符合条件的印刷、制作业务实行增值税100%先征后退。

⑤古旧图书免征增值税。

⑥党报、党刊发行收入和印刷收入免征增值税。

⑦个人转让著作权免征增值税。

⑧稿酬所得减计个人所得税。

⑨图书、报纸、期刊以及音像制品征订凭证免征印花税。

（2）推动公共文化服务水平提升税费优惠。

①销售电影拷贝、转让电影版权、电影发行收入以及农村电影放映收入免征增值税。

②电影行业企业2020年度发生的亏损最长结转年限延长至8年。

③收取有线数字电视基本收视维护费免征增值税。

④收取农村有线电视基本收视费免征增值税。

⑤文化场馆提供文化服务取得的第一道门票收入免征增值税。

⑥宗教场所举办文化、宗教活动的门票收入免征增值税。

⑦科普活动门票收入免征增值税。

⑧符合条件的文化服务可选择适用简易计税方法计算缴纳增值税。

⑨符合条件的文化单位可享受非营利组织企业所得税优惠。

⑩个人获得省部级及以上单位颁发的文化方面奖金免征个人所得税。

⑪符合条件的增值税小规模纳税人免征文化事业建设费。

⑫定期减征文化事业建设费。

（3）促进现代文化产业体系健全税费优惠。

①经营性文化事业单位转制为企业五年内免征企业所得税。

②经营性文化事业单位转制为企业五年内免征房产税。

③认定为高新技术企业的文化企业减按15%税率征收企业所得税。

④符合条件的文化创意设计活动发生的相关费用企业所得税税前加计扣除。

⑤销售自主开发生产动漫软件增值税超税负部分即征即退。

⑥符合条件的动漫设计等服务可选择适用简易计税方法计算缴纳增值税。

⑦动漫软件出口免征增值税。

⑧符合条件的动漫企业可享受国家鼓励软件产业发展的企业所得税优惠。

（4）推进对外文化交流发展税费优惠。

①向境外单位提供完全在境外消费的广播影视节目（作品）制作和发行服务适用增值税零税率。

②境内单位和个人在境外提供广播影视节目（作品）播映服务免征增值税。

③境内单位和个人在境外提供文化服务免征增值税。

④认定为技术先进型服务企业的文化企业减按 15%税率征收企业所得税。

4. 支持经济社会统筹发展税费优惠

扎实推进中国式现代化，推动经济实现质的有效提升和量的合理增长，需要经济社会协调发展。国家围绕就业保民生、稳外资促对外开放、支持重组促要素流动、支持消费提振信心、支持灾后重建及化解纳税困难等方面出台多项税费支持政策，具体包括：

（1）促就业保民生税费优惠。

①重点群体创业税费扣减。

②吸纳重点群体就业税费扣减。

③退役士兵创业税费扣减。

④吸纳退役士兵就业税费扣减。

⑤随军家属创业免征增值税。

⑥随军家属创业免征个人所得税。

⑦安置随军家属就业的企业免征增值税。

⑧军队转业干部创业免征增值税。

⑨自主择业的军队转业干部免征个人所得税。

⑩安置军队转业干部就业的企业免征增值税。

⑪残疾人创业免征增值税。

⑫安置残疾人就业的单位和个体工商户增值税即征即退。

⑬特殊教育校办企业安置残疾人就业增值税即征即退。

⑭安置残疾人就业的企业残疾人工资加计扣除。

⑮安置残疾人就业的单位减免城镇土地使用税。

⑯符合条件的用人单位分档减缴残疾人就业保障金。

⑰符合条件的企业免征残疾人就业保障金。

（2）稳外资促对外开放税费优惠

①境外投资者以分配利润直接投资暂不征收预提所得税。

②符合条件的非居民纳税人享受协定待遇。

③QFII 和 RQFII 委托境内公司在我国从事证券买卖业务免征增值税。

④QFII 和 RQFII 取得中国境内的股票等权益性投资资产转让所得暂免征收企业所得税。

⑤QFII 和 RQFII 取得创新企业 CDR 转让差价收入暂免征收增值税。

⑥QFII 和 RQFII 取得创新企业 CDR 转让差价所得和股息红利所得征免企业所得税。

⑦境外机构投资银行间本币市场取得的金融商品转让收入免征增值税。

⑧境外机构投资境内债券利息收入暂免征收增值税。

⑨境外机构投资境内债券利息收入暂免征收企业所得税。

⑩香港市场投资者投资上交所上市 A 股取得的转让差价免征增值税。

⑪香港市场投资者投资上交所上市 A 股取得的转让差价所得暂免征收所得税。

⑫香港市场投资者投资上交所上市 A 股取得的股息红利减免所得税。

⑬香港市场投资者投资深交所上市 A 股取得的转让差价免征增值税。

⑭香港市场投资者投资深交所上市 A 股取得的转让差价所得暂免征收所得税。

⑮香港市场投资者投资深交所上市 A 股取得的股息红利减免所得税。

⑯香港市场投资者参与股票担保卖空涉及的股票借入、归还暂免征收证券（股票）交易印花税。

⑰香港市场投资者买卖内地基金份额取得的转让差价免征增值税。

⑱香港市场投资者买卖内地基金份额取得的转让差价所得暂免征收所得税。

⑲香港市场投资者从内地基金分配取得收益减免所得税。

⑳境外机构投资者从事中国境内原油期货交易暂不征收企业所得税。

（3）支持重组促要素流动税费优惠。

①将全部或者部分实物资产以及与其相关联的债权、负债和劳动力一并转让的资产重组不征收增值税。

②注销登记前尚未抵扣的进项税额可结转至新纳税人处继续抵扣。

③符合条件的企业重组可选择特殊性税务处理。

④非货币性资产对外分期缴纳企业所得税。

⑤全民所有制企业改制中资产评估增值不计入应纳税所得额。

⑥符合条件的企业事业单位改制重组承受土地、房屋权属免征契税。

⑦符合条件的企业改制重组发生房地产转移暂不征收土地增值税。

⑧符合条件的企业改制过程中减免印花税。

⑨股份制企业用资本公积金转增股本免征个人所得税。

⑩个人投资者收购企业股权后将原盈余积累转增股本免征个人所得税。

⑪中小高新技术企业向个人股东转增股本分期缴纳个人所得税。

（4）支持消费提振信心税费优惠。

①个人销售住房减免增值税。

②个人转让自用家庭唯一生活用房免征个人所得税。

③职工取得单位低价售房的差价收益免征个人所得税。

④个人销售或购买住房免征印花税。

⑤个人销售住房免征土地增值税。

⑥个人购买安置住房免征印花税。

⑦个人购买安置住房减征契税。

⑧个人因房屋被征收而取得改造安置住房减免契税。

⑨个人购买家庭唯一住房或第二套改善性住房减征契税。

⑩个人购买经济适用房减半征收契税。

⑪城镇职工第一次购买公有住房免征契税。

⑫居民换购住房退还个人所得税。

⑬个人出租住房减按 10% 征收个人所得税。

⑭个人租赁住房免征印花税。

⑮个人出租住房减征增值税。

⑯个人出租住房减征房产税。

⑰个人出租住房免征城镇土地使用税。

⑱企事业单位等向个人、专业化规模化住房租赁企业出租住房减征房产税。

⑲住房租赁企业出租住房减征增值税。

⑳购置新能源汽车免征车辆购置税。

㉑节能汽车减半征收车船税。

㉒新能源车船免征车船税。

（5）支持灾后重建及化解纳税困难税费优惠。

①纳税困难减免房产税。

②纳税困难减免城镇土地使用税。

③企业实际发生的因地震灾害造成的财产损失予以企业所得税税前扣除。

④因地震灾害造成重大损失的个人可减征个人所得税。

⑤对受灾地区个人取得的抚恤金、救济金免征个人所得税。

⑥对受灾而停止使用的毁损不堪居住和使用的房屋和危险房屋免征房产税。

⑦房屋大修停用在半年以上的期间免征房产税。

⑧因意外事故或者自然灾害等原因遭受重大损失可减征或免征资源税。

⑨已完税的车船因地震灾害报废、灭失的可申请退还车船税。

⑩捐赠受灾物资免征进口环节税收。

（二）支持共享发展的税费优惠政策

共享发展是集全民共享、全面共享、共建共享与渐进共享于一体的科学发展理念，其实质是以人民为中心，做到发展为了人民、发展依靠人民、发展成果由人民共享。坚持共享发展不仅是中国特色社会主义的本质要求，也是完整、准确、全面贯彻新发展理念的根本价值导向。

为使全体人民在共建共享发展中有更多获得感，增强发展动力，增进人民团结，朝着共同富裕方向稳步前进，国家实施了一系列税费优惠政策，共涵盖 182 项支持共享发展的税费优惠政策指引。

1. 推进乡村振兴税费优惠

为扎实推进巩固拓展脱贫攻坚成果同乡村振兴有效衔接，加快探索拓宽先富带后富、先富帮后富的有效路径，加快农业农村现代化，国家在支持农村基础设施建设、优化土地资源配置、促进农产品生产流通、支持新型农业经营主体发展、促进农业资源综合利用、支持农村金融发展等方面出台了多项税费优惠政策。2023 年 7 月 20 日国家税务总局发布了《支持共享发展税费优惠政策指引》，其中具体包括：

（1）支持农村基础设施建设税费优惠。

①农村电网维护费免征增值税。

②县级及县级以下小型水力发电单位可选择按照简易办法计算缴纳增值税。

③水利设施用地免征城镇土地使用税。

④农田水利设施占用耕地不征收耕地占用税。

⑤国家重大水利工程建设基金免征城市维护建设税和教育费附加。

⑥小型农田水利建设、田间土地整治建设和农村集中供水工程建设免征水土保持补偿费。

⑦农村居民占用耕地新建自用住宅减半征收耕地占用税。

⑧农村烈属等优抚对象及低保农民新建自用住宅免征耕地占用税。

⑨利用农村集体土地新建、翻建自用住房免征水土保持补偿费。

⑩农村饮水安全工程新建项目投资经营所得企业所得税"三免三减半"。

⑪农村饮水安全工程免征增值税。

⑫农村饮水安全工程运营管理单位自用房产免征房产税。

⑬农村饮水安全工程运营管理单位自用土地免征城镇土地使用税。

⑭建设农村饮水安全工程承受土地使用权免征契税。

⑮农村饮水安全工程免征印花税。

（2）优化土地资源配置税费优惠。

①转让土地使用权给农业生产者用于农业生产免征增值税。

②承包地流转给农业生产者用于农业生产免征增值税。

③出租国有农用地给农业生产者用于农业生产免征增值税。

④直接用于农、林、牧、渔业生产用地免征城镇土地使用税。

⑤承受荒山、荒地、荒滩土地使用权用于农、林、牧、渔业生产免征契税。

⑥农村集体经济组织股份合作制改革免征契税。

⑦农村集体经济组织清产核资免征契税。

⑧收回集体资产签订产权转移书据免征印花税。

⑨农村土地、房屋确权登记不征收契税。

（3）促进农产品生产流通税费优惠。

①进口种子种源免征进口环节增值税。

②进口玉米糠、稻米糠等饲料免征增值税。

③单一大宗饲料等在国内流通环节免征增值税。

④生产销售有机肥免征增值税。

⑤滴灌产品免征增值税。

⑥生产销售农膜免征增值税。

⑦批发零售种子、种苗、农药、农机免征增值税。

⑧农业生产者销售的自产农产品免征增值税。

⑨纳税人购进农业生产者销售自产的免税农业产品可以抵扣进项税额。

⑩农产品增值税进项税额核定扣除。

⑪从事农、林、牧、渔业项目减免企业所得税。

⑫从事"四业"的个人暂不征收个人所得税。

⑬农业服务免征增值税。

⑭捕捞、养殖渔船免征车船税。

⑮农村居民拥有使用的三轮汽车等定期减免车船税。

⑯蔬菜流通环节免征增值税。

⑰部分鲜活肉蛋产品流通环节免征增值税。

⑱农产品批发市场、农贸市场免征房产税。

⑲农产品批发市场、农贸市场免征城镇土地使用税。

（4）支持新型农业经营主体发展税费优惠。

①"公司+农户"经营模式销售畜禽免征增值税。

②"公司+农户"经营模式从事农、林、牧、渔业生产减免企业所得税。

③农民专业合作社销售本社成员生产的农产品免征增值税。

④农民专业合作社向本社成员销售部分农用物资免征增值税。

⑤购进农民专业合作社销售的免税农产品可以抵扣进项税额。

⑥购买农业生产资料或者销售农产品书立的买卖合同和农业保险合同免征印花税。

（5）促进农业资源综合利用税费优惠。

①以部分农林剩余物为原料生产燃料燃气电力热力及生物油实行增值税即征即退100%。

②以部分农林剩余物为原料生产纤维板等资源综合利用产品实行增值税即征即退90%。

③以废弃动植物油为原料生产生物柴油和工业级混合油实行增值税即征即退70%。

④以农作物秸秆为原料生产纸浆、秸秆浆和纸实行增值税即征即退50%。

⑤以农作物秸秆及壳皮等原料生产的纤维板等产品取得的收入减按90%计入收入总额。

⑥沼气综合开发利用项目享受企业所得税"三免三减半"。

⑦农村污水处理项目享受企业所得税"三免三减半"。

⑧生活垃圾分类和无害化处理处置项目享受企业所得税"三免三减半"。

（6）支持农村金融发展税费优惠。

①金融机构农户小额贷款利息收入免征增值税。

②金融机构小微企业及个体工商户小额贷款利息收入免征增值税。

③金融机构农户小额贷款利息收入企业所得税减计收入。

④金融企业涉农和中小企业贷款损失准备金税前扣除。

⑤金融企业涉农和中小企业贷款损失税前扣除。

⑥保险公司农业大灾风险准备金税前扣除。

⑦农村信用社等金融机构提供金融服务可选择适用简易计税方法缴纳增值税。

⑧中国农业银行三农金融事业部涉农贷款利息收入可选择适用简易计税方法缴纳增值税。

⑨中国邮政储蓄银行三农金融事业部涉农贷款利息收入可选择适用简易计税方法缴纳增值税。

⑩金融机构与小型微型企业签订借款合同免征印花税。

⑪小额贷款公司农户小额贷款利息收入免征增值税。

⑫小额贷款公司农户小额贷款利息收入企业所得税减计收入。

⑬小额贷款公司贷款损失准备金企业所得税税前扣除。

⑭为农户及小型微型企业提供融资担保及再担保业务免征增值税。

⑮中小企业融资（信用）担保机构有关准备金企业所得税税前扣除。

⑯农牧保险业务免征增值税。

⑰保险公司种植业、养殖业保险业务企业所得税减计收入。

⑱农牧业畜类保险合同免征印花税。

2. 维护社会公平正义税费优惠

为维护社会公平正义，保护人民群众参与社会生活的平等权利，保障经济主体参与经济发展的公平机会，让发展成果更多更公平惠及全体人民，国家在减免各类主体税费负担、鼓励公益服务等方面出台了多项税费优惠政策。具体包括：

（1）减免各类主体税费负担税费优惠。

①符合条件的增值税小规模纳税人免征增值税。

②增值税小规模纳税人阶段性减征增值税。

③研发费用企业所得税100%加计扣除。

④小型微利企业减免企业所得税。

⑤个体工商户应纳税所得不超过100万元部分个人所得税减半征收。

⑥增值税小规模纳税人减征地方"六税两费"。

⑦小型微利企业减征地方"六税两费"。

⑧个体工商户减征地方"六税两费"。

⑨阶段性降低失业保险、工伤保险费率。

⑩符合条件的缴纳义务人免征有关政府性基金。

⑪符合条件的企业暂免征收残疾人就业保障金。

⑫符合条件的用人单位减征残疾人就业保障金。

⑬符合条件的缴纳义务人减征文化事业建设费。

⑭符合条件的增值税小规模纳税人免征文化事业建设费。

⑮减轻困难群体参保缴费负担。

⑯符合条件的增值税小规模纳税人免征增值税。

⑰符合条件的增值税小规模纳税人减征增值税。

⑱符合条件的个体工商户减征个人所得税。

（2）鼓励公益服务税费优惠。

①法律援助补贴免征增值税。

②法律援助补贴免征个人所得税。

③血站自用的房产免征房产税。

④血站自用的土地免征城镇土地使用税。

⑤符合条件的生产和装配伤残人员专门用品企业免征企业所得税。

⑥符合条件的非营利组织的收入免征企业所得税。

3. 缩小收入差距税费优惠

为缩小居民生活水平差距，加快扩大中等收入群体推动形成橄榄型社会，国家在鼓励三次分配、减轻个人收入负担等方面出台了多项税费优惠政策。具体包括：

（1）鼓励三次分配税费优惠。

①企业符合条件的扶贫捐赠所得税税前据实扣除。

②符合条件的扶贫货物捐赠免征增值税。

③个人通过公益性社会组织或国家机关的公益慈善事业捐赠个人所得税税前扣除。

④公益性捐赠支出企业所得税税前结转扣除。

⑤境外捐赠人捐赠慈善物资免征进口环节增值税。

⑥将房屋产权、土地使用权赠与社会福利、公益事业不征土地增值税。

⑦将财产赠与政府、学校、社会福利机构、慈善组织书立的产权转移书据免征印花税。

⑧外国政府和国际组织无偿援助项目在华采购物资免征增值税。

⑨无偿用于公益事业或者以社会公众为对象的行为无需视同销售缴税。

（2）减轻个人收入负担税费优惠。

①全年一次性奖金个人所得税优惠。

②个人养老金有关个人所得税优惠。

③子女教育个人所得税专项附加扣除。

④继续教育个人所得税专项附加扣除。

⑤大病医疗个人所得税专项附加扣除。

⑥住房贷款利息个人所得税专项附加扣除。

⑦住房租金个人所得税专项附加扣除。

⑧赡养老人个人所得税专项附加扣除。

⑨3岁以下婴幼儿照护个人所得税专项附加扣除。

4. 推动共同富裕税费优惠

为扎实推动基本公共服务均等化，创新公共服务提供方式，逐步实现公共服务优质共享，国家在市政公共基础设施建设、市政公共服务发展、绿色城市建设、养老家政事业、医疗卫生事业、文化体育事业、教育托育事业、基本公共服务等重点领域出台了多项税费优惠政策。具体包括：

（1）市政公共设施建设税费优惠。

①国家重点扶持的公共基础设施项目企业所得税"三免三减半"。

②市政街道、广场、绿化地带等公用用地免征城镇土地使用税。

③城市公共交通用地免征城镇土地使用税。

④铁路、公路、飞机场跑道等公用设施占用耕地减征耕地占用税。

⑤水利设施用地免征城镇土地使用税。

⑥公园、名胜古迹自用房产免征房产税。

⑦公园、名胜古迹自用土地免征城镇土地使用税。

（2）市政公共服务发展税费优惠。

①提供公共交通运输服务可选择适用简易计税方法计税。

②公共交通车船定期减征或者免征车船税。

③"三北"地区供热企业采暖费收入免征增值税。

④"三北"地区供热企业厂房免征房产税。

⑤"三北"地区供热企业土地免征城镇土地使用税。

⑥农产品批发市场、农贸市场房产免征房产税。

⑦农产品批发市场、农贸市场土地免征城镇土地使用税。

（3）绿色城市建设税费优惠。

①符合条件的环境保护、节能节水项目企业所得税"三免三减半"。

②符合条件的垃圾填埋沼气发电项目企业所得税"三免三减半"。

③购置环境保护、节能节水专用设备投资额的10%抵免当年企业所得税应纳税额。

④从事污染防治的第三方企业减按15%税率征收企业所得税。

⑤城市公交企业购置的公共汽电车辆免征车辆购置税。

⑥购置新能源汽车免征车辆购置税。

⑦节能汽车减半征收车船税。

⑧新能源车船免征车船税。

⑨城乡污水集中处理、生活垃圾集中处理场所排放应税污染物不超过排放标准的免征环境保护税。

⑩排放应税大气污染物或者水污染物的浓度值低于规定标准30%的减按75%征收环境保护税。

⑪排放应税大气污染物或者水污染物的浓度值低于规定标准50%的减按50%征收环境保护税。

⑫取用污水处理回用水、再生水等非常规水源免征水资源税。

⑬取用污水处理再生水免征水资源税

（4）养老家政事业税费优惠。

①养老机构提供的养老服务免征增值税。

②员工制家政服务免征增值税。

③符合条件的家政服务企业免征增值税。

④提供社区养老、托育、家政服务取得的收入免征增值税。

⑤提供社区养老、托育、家政服务取得的收入企业所得税减计收入。

⑥福利性、非营利性的老年服务机构暂免征收企业所得税。

⑦福利性、非营利性的老年服务机构自用的房产免征房产税。

⑧福利性、非营利性的老年服务机构自用的土地免征城镇土地使用税。

⑨用于提供社区养老、托育、家政服务的房产免征房产税。

⑩用于提供社区养老、托育、家政服务的土地免征城镇土地使用税。

⑪承受房屋、土地用于提供社区养老、托育、家政服务免征契税。

⑫残疾人福利机构提供的育养服务免征增值税。

（5）医疗卫生事业税费优惠。

①医疗机构提供的医疗服务免征增值税。

②医疗机构接受其他医疗机构委托提供的服务免征增值税。

③符合条件的医疗机构自产自用的制剂免征增值税。

④符合条件的医疗机构自用的房产免征房产税。

⑤符合条件的医疗机构自用的土地免征城镇土地使用税。

⑥疾病控制和妇幼保健等卫生机构自用的房产免征房产税。

⑦疾病控制和妇幼保健等卫生机构自用的土地免征城镇土地使用税。

⑧"母亲健康快车"项目的流动医疗车免征车辆购置税。

（6）文化体育事业税费优惠。

①文化场馆提供文化服务取得的第一道门票收入免征增值税。

②宗教场所举办文化、宗教活动的门票收入免征增值税。

③城市电影放映服务可选择简易计税办法缴纳增值税。

④符合条件的体育场馆房产免征房产税。

⑤符合条件的体育场馆用地免征城镇土地使用税。

⑥符合条件的企业大型体育场馆房产减半征收房产税。

⑦符合条件的企业大型体育场馆用地减半征收城镇土地使用税。

（7）教育托育事业税费优惠。

①托儿所、幼儿园提供的保育和教育服务免征增值税。

②从事学历教育的学校提供的教育服务免征增值税。

③学校、托儿所、幼儿园自用的房产免征房产税。

④学校、托儿所、幼儿园自用的土地免征城镇土地使用税。

⑤学校、幼儿园经批准征用的耕地免征耕地占用税。

⑥高校学生公寓免征房产税。

⑦与高校学生签订的高校学生公寓租赁合同免征印花税。

（8）基本公共服务税费优惠。

①国家机关、事业单位、社会团体、军事单位承受土地、房屋权属用于办公、教学、医疗、科研、军事设施免征契税。

②非营利性的学校、医疗机构、社会福利机构承受土地、房屋权属用于办公、教学、医疗、科研、养老、救助免征契税。

③建设学校、幼儿园、医院、养老服务设施、孤儿院、福利院等公益性工程项目免征水土保持补偿费。

④军事设施、学校、幼儿园、社会福利机构、医疗机构占用耕地免征耕地占用税。

六、

金税工程

（一）概述

金税工程，是国家的十二金工程之一。十二金工程是十二个重要业务系统建设工程，包括金财工程、金农工程、金盾工程、金保工程、金税工程、金关工程、金水工程、金质工程、金审工程、金卡工程、金贸工程、金企工程。

金税工程是吸收国际先进经验，运用高科技手段结合我国增值税管理实际设计的高科技管理系统。该系统由一个网络、四个子系统构成。一个网络是指国家税务总局与省、地、县国家税务局四级计算机网络；四个子系统是指增值税防伪税控开票子系统、防伪税控认证子系统、增值税稽核子系统和发票协查子系统。金税工程实际上就是利用覆盖全国税务机关的计算机网络对增值税专用发票和企业增值税纳税状况进行严密监控的一个体系。

（二）金税工程历史演变过程

1. 金税一期——初步尝试计算机管税

1994 年，我国开始实施以增值税为主要内容的新一轮工商税制改革，为适应增值税改革的要求，增值税专用发票应运而生。由于增值税专用发票不仅能作为购销凭证，而且能够抵扣税款，因此在利益的驱使下，利用虚开、代开、伪造增值税专用发票等手段进行经济犯罪的行为屡禁不止。为彻底打击这些违法犯罪行为，税务部门开始筹建以增值税计算机稽核系统、增值税专用发票防伪税控系统、税控收款机系统为子系统的金税一期工程。

虽然金税一期实现了利用计算机网络进行的增值税专用发票交叉稽核和增值税防

伪税控，但是，当时采集增值税专用发票信息需要由税务机关组织工作人员手工录入，工作量大，数据采集不全，而且由于只在 50 多个城市建立了稽核网络，对其他地区的专用发票还无法进行交叉稽核。所以，金税一期于 1995 年在全国 50 个试点单位上线后，到 1996 年年底便停止运行。针对金税一期的问题，国家税务总局又对金税工程重新进行了优化设计，推出了金税二期工程。

2. 金税二期——经验管税过渡到以票控税

1998 年，金税二期工程开始启动。金税二期工程的整体思路是，建立基于企业申报信息稽核为主导、以发票信息稽核为辅助的增值税计算机稽核系统，旨在强化以两级稽核为核心的增值税日常稽查管理，以及时发现和查处不法分子的增值税偷骗行为。金税二期由增值税防伪税控开票子系统、防伪税控认证子系统、增值税稽核子系统、发票协查信息管理子系统四大系统组成，并于 2001 年 7 月 1 日在全国全面开通。

3. 金税三期——进一步强化发票监管

金税三期在 2016 年 10 月完成了全国全面上线。金税三期包括"一个平台，两级处理，三个覆盖，四个系统"，即基于统一规范的应用系统平台；依托计算机网络，在总局和省局两级集中处理信息；覆盖所有税种，国税局、地税局的所有工作环节；设置征管业务、行政管理、外部信息、决策支持四大系统。

金税三期不仅标志着国家税收管理系统的一次重大进步，也是税收征管改革进程中的必要环节。税收征管改革的转型从金税三期中可见一斑：

一是管理环节的后置。随着简政放权的大力推进，税务机关对前置的审批项目数量也在大面积地缩减，取而代之的是后置环节的后续管理与风险控制，金税三期特别为风险控制开发了相应的决策系统，助力税收征管事后发力。

二是专业化管理的转型。由于管理对象体量的逐年增大，传统的税收管理员单点方式已难以应对，推进专业化链条管理有利于在征管力量有限的前提下提升管理的效率，降低管理风险。金税三期基本统一了全国涉税管理事项流程，既提升了扣缴义务人和纳税人的办税体验，也为专业化管理奠定了有力的信息系统基石。

三是数据化管理的推进。在信息网络的大潮下，征管改革的重点也逐步由凭证管理转向数据管理，步朝信息化、数据化、网络化的方向不断推进。金税三期的上线不仅为数据化管理的标准、处理、应用打下了坚实的基础，也为未来的全数据化征管开展了有益的尝试。

4. 金税四期——开启"以数治税"新时代

2020 年 11 月，《中共中央关于制定国民经济和社会发展第十四个五年规划和二〇三五年远景目标的建议》明确提出数字化的发展方向：迎接数字时代，激活数据要素潜能，推进网络强国建设，加快建设数字经济、数字社会、数字政府，以数字化转型整体驱动生产方式、生活方式和治理方式变革。其中第二十二条提到，建立现代财税金融体制，完善现代税收制度。金税四期就是在这种背景下诞生的。

2020 年 11 月，政府发布采购意向公告，准备启动金税四期工程。金税四期是实现税务总局决策指挥端的指挥台功能以及相关配套功能系统的总称，主要部署于税务局的内网，实现对业务更全面的监控，同时搭建了各部委、人民银行以及部分商业银行等参与机构之间信息共享和核查的通道。

金税四期的主体功能有"全电发票""视频指挥台""重大事项""重要日程"四大项，同时保留接口提供功能扩展能力。

对比金税三期，金税四期多了以下功能：

（1）不再仅仅局限于税务方面，还将非税业务一起纳入，在整体业务层面上进行更全面的监控。

（2）各部委、人民银行及部分商业银行等共同参与，搭建与各机构之间信息共享和核查的通道。

（3）不光企业和法人的信息能实时调取，更能实现企业相关人员手机号码、企业纳税信息状态、企业登记注册信息核查这些功能。

金税四期是金税三期的升级工程，金税三期统一了全国征管应用系统版本，中央和地方税合并，搭建了统一的纳税服务平台，建立了统一的发票管理系统。金税四期在金税三期的基础上，纳入非税业务，利用大数据比对、人工智能等技术，实现对纳税人业务更加全面的监控。

（三）金税四期介绍

1. 金税四期的主要稽查内容

（1）企业的收入

有些企业利用私户、微信、支付宝等收取货款来隐匿部分收入，或存在大额收款迟迟不开发票，给客户多开发票等。

（2）企业的成本费用

企业主营业务成本长期大于收入，比如公司没有车，但是却存在大量的加油费，以及大量异常的差旅费、咨询费、会议费等费用，或者买发票、多结转成本，最后冲红或是补发票等。

（3）企业利润

利润表中的利润总额与企业所得税申报表中的利润总额有出入，企业常年亏损，却屹立不倒。金税四期不仅仅通过企业申报的数据来核实是否异常，还会通过企业银行账户、企业相关人员的银行账户、上下游企业相关账本数据、同行业收入、成本、利润情况等来稽查比对。

（4）企业库存

金税四期上线后，企业库存进一步地透明化，企业进多少货，出多少货，还剩多少货，金税四期可能比企业还清楚。如果库存账实不一致，企业务必引起重视，及时查找原因，一定要做好存货管理，统计好进销存，定期盘点库存，做好账实差异分析表，尽量避免库存账实不一致。

（5）企业缴纳的税额

企业增值税长期大于企业所得税收入，税负率异常，如果企业平均税负率上下浮动超过20%，税务机关就会对其进行重点调查；企业大部分员工长期在个税起征点以下；员工个税申报表中的工资与企业申报的工资不一致；实收资本增加，印花税未缴纳等。

（6）企业银行账户

金税四期建立了企业信息联网核查系统，银行、工业和信息化部、国家税务总局、国家市场监督管理总局等纳入企业信息联网核查系统，打通了信息共享及核查通道。税务局、银行等机构可以通过系统核实企业纳税信息及纳税人营业状态等情况。

（7）企业的社保

包括试用期不入社保；代别人挂靠社保；未足额或未缴纳社保；员工自愿放弃社保，就没有缴纳；不签合同就不缴社保；档案未转就不给交社保等不合规行为。

2. 金税四期决策指挥项目建设目标

为打造智慧税务，实现税收治理现代化的规划要求，税务总局决定推进决策指挥端建设工作，为领导层打造一套信息获取及时准确、页面展示直观形象、实操实控简单明了、指挥决策精准有力的"作战图"指挥平台，以实现以下目标。

（1）"智慧办公"提效率。引入可视化、语音化、智能化技术，建设先进的多人音视频沟通系统，提供便捷的线上沟通、线上会商功能，实现全方位、宽领域、多场景的互动，解决会议室订不上、异地办公交互难的问题，提升智慧办公、智慧协作水平。

（2）"智慧指挥"添能力。搭建各层级间上下贯通、左右互联的弹性指挥控制链条，组成纵向贯穿各级税务机关，横向覆盖各地区各部门的指挥网络，为税务总局和省以下税务机关提供便快捷的实时指挥能力。

（3）"智慧决策"有帮手。智能收集推送重大事项、税务要情，运用个性化信息推送服务技术和人工智能交互界面技术，实现领导决策任务差异化推送和智能关联推送，方便领导第一时间掌握重要情况，更好地服务宏观经济决策，提升税收治理现代化水平。

3. 金税四期后税务稽查的趋势

金税四期后，高净值人群以及高收入人群成了税务核查的趋势。

首先，对于高净值人群来说，金税四期主要是加强了对拥有1 000万以上可投资资产或者年收入100万以上的人群的核查力度。其通过数据及技术手段来对银行账户余额进行核查，并在交易流水中寻找勾稽关系，最后确认净资产与税务贡献的相关性是否合理，如不合理，将有可能进行进一步核查。

其次，金税四期将强化个人所得税的征管。如分类管理，即将高净值人群、高收入人群以及一般人群进行分类稽查、分类管理；同时采用省市级税务机关以及县区级税务机关的分级管理；此外，还建立了信用管理体系，实施重点关注、从重处罚的原则。

最后，金税四期对于企业的稽查重点主要在坏账的处理方式、股东借款、公款私用、不合理投资、拆分业务及营业额、库存数据、税收洼地、私户收款、现金交易、成本费用以及利润偏离同行等方面。对于个人的稽查重点主要在于股权分红、股权转让行为、租金收入、合伙企业收入以及代持行为等方面。

第四篇
财税案例篇

一、 财政支出相关案例

（一）公私合营模式（ppp）有力提高公共产品供给水平

社会公众对基础设施等公共产品的需求伴随着社会主义现代化建设进程持续增长，但目前我国公共产品建设仍然面临着资金来源渠道少、资金筹资困难、财政支出压力大等局限。政府如何利用好财政支出、实现公共产品的有效供给、维护社会公众的利益是新时代高质量发展的重要命题。

公共产品理论将公共产品供给模式根据供给主体角度划分为以下四种：公共供给、私人供给、第三部门供给和 ppp 供给模式。其中，ppp（public-private-partnership）模式在我国基础设施建设中起到了巨大的积极推动作用。该模式是指以公私合营模式的形式，在政府与私人组织之间，以特许权协议为基础提供某种公共物品和服务，通过签署合同来明确双方的权利和义务。在伙伴式的合作关系中，基于"经济人"的基本假设，私人部门以个人利益为导向，努力提高效率，政府追求社会公共利益，保障公平机制。政府方根据社会公众需要，用财政支出手段发挥宏观调控作用，私人部门提供专业的技术和经验，政企各尽所长，互惠互利，通过代理运行，权职明确，投资风险共享，技术资源集中，以期 1+1>2 的结果，也使得政府在财政支出方面实现公共产品供给宏观调控的同时，兼顾效率和公平。

虽相较发育成熟的国外 ppp 模式，我国 ppp 模式的公共产品供给还处于浅层次发展阶段，但 2014 年财政部正式发文推广 ppp 以来，国内 ppp 模式迅猛发展，其展现的蓬勃生命力是我国基础设施领域高质量规范发展的强有力的支持。截至 2022 年年末，全国已落地 ppp 项目 1.4 万个，投资总额 20.9 万亿元。全国 ppp 项目累计投资总额已超 20 万亿元，我国 ppp 模式在经历若干发展阶段后，已成为全球最大的 ppp 市场。

（二）ppp 公共产品供给模式的成功案例

案例一：大理石洱海环湖截污 ppp 项目

2021 年国家发展与改革委员会公示了绿色政府和社会资本合作项目典型案例名单，16 个 ppp 项目从多个方面展示了各地政府在公共产品供给方面做出的优秀成果。其中，大理石洱海环湖截污 ppp 项目以其完善和健全的政企合作机制，显示了政府以 ppp 模式实现公共产品供给的巨大的发展优势和前景。

（1）项目概况

洱海，是云南九大高原淡水湖泊之一，是大理人民的"母亲湖"，是大理主要饮用水源地，是苍山洱海国家级自然保护区的重要组成部分。2015 年 1 月习近平总书记视察大理，对洱海保护作出重要指示，云南省委、省政府领导班子多次亲临大理调研指导，对落实好习总书记重要指示精神，全力以赴保护好洱海提出了明确要求。由于洱海周边农业面源污染严重、环湖截污系统建设不完善、已有污水处理设施规模小且运行不稳定等原因，洱海的环境承载力及水质呈不断下降的趋势，当时正处于关键的、敏感的、可逆的、营养状态转型时期。经科学论证，大理白族自治州、大理市人民政府决定实施大理洱海环湖截污 ppp 项目。

社会资本方面，中国水环境集团是国家开发投资集团旗下专业的水环境业务平台，是国内领先的综合水环境投资营运服务商，拥有强大的投资能力和系统技术，以及经验丰富的研发、投资、设计、建设、运营、管理团队，旗下拥有高品质下沉式再生水系统及综合治理类国家级示范项目。在水环境综合治理、海绵城市、水源地保护、供水服务、污水处理、污泥处理、中水回用等领域具有强大的投资能力、领先的系统技术和成熟的管理团队，项目依托集团技术、管理、资金优势，为政府提供高效的环境基础设施和供给服务。2015 年 10 月 29 日，按照"利益共享、风险共担、长期合作、肝胆相照"的原则，由代表政府方的大理洱海保护投资建设有限责任公司（出资 0.629 937 亿元，占股权投资比例的 10%）与中国水环境集团有限公司（出资 5.669 433 亿元，占股权投资比例的 90%）合资组建特殊目地公司（SPV）公司，即大理洱海生态环境治理有限公司，由 SPV 公司负责项目的实施。

（2）进程与资金保证

2013 年 9 月启动环洱海排污现状调查及环洱海截污初步规划方案编制，2015 年 9 月 23 日正式签订 ppp 项目合作协议。2016 年 4 月项目正式开工建设，其间经过三轮提速，于 2018 年 6 月提前 9 个月完工。其中，双廊下沉式再生水厂于 2018 年 9 月 17 日获环保验收批复，于 9 月 19 日获运营批复。上关、挖色、湾桥、喜洲、古城五座下沉式再生水厂于 2018 年 12 月 17 日通过环保验收，于 2018 年 12 月 26 日获得环保验收备案，2018 年 12 月 28 日完成项目六座下沉式再生水厂和泵站的竣工验收，2019 年 1 月 11 日获运营批复。污水管网于 2019 年 9 月 1 日开始进入正式运营阶段。

2015 年 9 月云南省发展与改革委以云发改资环〔2015〕1217 号批复大理洱海环

湖截污工程 ppp 项目可调报告，批复投资 45 亿元，批复近期（2016—2020 年）计划投资 34.9 亿元，ppp 协议签约控制价 29.8 亿元。截至 2022 年 6 月，项目累计完成投资 32.8 亿元。项目建设资金按协议由社会投资人融资筹集，政府在项目建设中只做协调、统筹、监管等工作，不直接参与项目建设和资金筹集。大理洱海环湖截污 ppp 项目被列入财政部第二批示范项目，2022 年 9 月 30 日财政部官方网站进行了公示，已获批的 6.72 亿元的专项资金现已全部到位，用于项目公司政府方的注册资本以及项目建设的专项补贴。2017 年 6 月，项目公司与国家开发银行签订贷款协议，取得 22.8 亿元项目贷款资金，贷款期限 18 年，并给予了较基准下浮 10% 的贷款利率优惠，融资全额用于大理市洱海环湖截污工程项目建设。2018 年 1 月 8 日，国家开发银行 22.8 亿元项目贷款资金资金已全部到位，为项目有序推进提供了资金保障。

（3）项目效益

大理洱海环湖截污 ppp 项目是一项功在当代、利在千秋，造福子孙后代的基础性工程。项目创新提出并采用"海绵农田"技术体系，实现污水就近分片处理，尾水进入湿地净化或作为城市景观用水、农业灌溉水源，每年减少从洱海抽清排污 2 000 万吨。污水处理末端产生的污泥通过低温干化技术进行浓缩脱水，脱水后的污泥再进行污泥堆肥，制成有机肥用于农田和林业施肥，实现资源再利用，真正体现物有所值。项目投入运营后被住建部评为"十三五"国家水专项成果转化示范基地。社会资本方与上海交通大学携手，积极帮助培养大理当地环保人才，设立"洱海保护人才教育基金"，践行习近平生态文明思想，为保护洱海在管理人才、技术人才培养方面提供帮助。

在国家鼓励创新投融资体制的大背景下，大理白族自治州、大理市党委政府引入社会资本中国水环境集团参与洱海保护治理，在实践中运用集团自主研发的第五代高品质下沉式再生水系统等先进技术手段，使项目实际投资节省了约 6 亿元，节约率达 17.2%。按省、州、市抢救洱海的要求三轮提速，提前工期 6 个月竣工。项目完善的智慧监管系统，使得处理有数据，付费有依据。政府污水处理支出费用下降了近 40%。仅这一个项目的投资，就超过了"十二五"期间洱海保护治理的总投入。项目是财政部第二批 ppp 示范项目。同时获得国家发展与改革委专项资金 6.72 亿元的支持。大理"十三五"规划治理项目已经完成投资 162.45 亿，占规划总投资的 81%，是"十二五"的 5.8 倍，初步筑牢了洱海保护治理的基础。

项目六座污水处理厂紧邻洱海，采用下沉式再生水系统，节约地面空间约 160 亩，对周边环境影响范围减少约 1 400 亩，地面空间可用于建设零排放的高品质临海公园、生态停车、自驾游营地等旅游服务设施，减轻政府财政压力，达成政府、公众、社会资本合作共赢的局面，形成"正资产"，真正实现水环境治理与绿色发展有机融合。

（4）ppp 项目在公共产品供给中的优势体现

①统筹专项资金，让政府轻装上阵——通过前后补贴的方式缓解政府支出压力

其实 ppp 模式是将政府传统债务融资的方式转变为向社会资本购买服务的方式，只是从全生命周期的角度考虑，ppp 模式的成本要小于政府传统融资、建设、运营的模式，这不意味着政府财政不再需要承担任何支出责任。所以，为了保持良好健康的政府财政状态，在 ppp 模式下，政府方仍应采取合理方式，降低政府付费压力。

为了减轻大理财政负担，云南省政府给予了本项目大力的支持。首先，批准了大理收取洱海风景名胜资源保护费的申请，扩充了大理市财政收入来源，同时还承诺由省财政给予本项目适度的财政补贴。大理市政府充分利用该财政资源，采用前后补贴结合的方式降低财政付费压力，在建设期，大理市政府将收取的洱海资源保护费及其他政府补贴资金等作为建设期补贴投入项目建设，用于冲抵项目总投资，进而调减政府购买服务费；项目投入运营后，政府方将洱海资源保护费及其他政府补贴专款专用支付本项目服务费，既保证了项目支付资金来源，又降低了政府一般性公共预算支出的压力。

②机制创新，把好运营关——项目可用性付费部分在全生命周期内进行绩效考核

目前，国内大部分 ppp 项目将可用性付费部分设置为项目公司的投资成本和对应的合理回报，而绩效考核付费部分则设置为运营维护成本和对应的合理回报。即项目公司在项目建设竣工验收后，其投资成本和对应的合理回报基本可以无风险收回。

而在本项目中，项目公司的投资成本和对应的合理回报并非通过竣工验收即可全部收回。通过测算，本项目运营维护成本和对应的合理回报约占政府购买服务费年付费金额的 5%~7%，投资成本和对应的合理回报约占政府购买服务费年付费金额 93%~95%。但是通过竞争性磋商，项目通过竣工验收后，项目公司仅可确保获得政府购买服务费年付费金额的 85%，剩余的 15%需要与截污干管（渠）运营维护绩效考核挂钩。该种设置实现了可用性部分在全生命周期的考核，可以激励项目公司在运营期内高质量地对项目进行运营维护。

③项目实施因地制宜，专业的人干专业的事，将"负资产"变为"正资产"

洱海是大理的核心魅力所在，而该项目紧邻洱海，如果建成传统地上水厂将严重破坏洱海美景。项目开工前，中国水环境集团建议采用自主知识产权的全地埋式污水处理系统，在不增加投资的前提下将 6 座传统地面污水处理厂变更为下沉式污水处理厂，设计变更方案通过专家评审，获得政府批准，从而节约地面空间约 160 亩，对周边环境影响范围减少约 1 400 亩。地面区域可结合洱海生态旅游规划，建设零排放的高品质的临海公园、游客服务中心、生态停车、自驾游营地等配套服务设施，实现水环境治理和绿色发展有机融合，减轻政府财政压力，提高周边居民的生活幸福感，实现政府、公众和社会资本的共赢。将"负资产"变成"正资产"，体现了专业的人干专业的事，为洱海旅游锦上添花，具有更长远的生态和经济价值。

④引进第三方造价审计和财务审计强化监控项目成本，质量检测机构确保质量

引进第三方监审机构，开展项目建设全过程的造价审计和财务审计，确保项目建设过程中出现施工量、施工质量等问题时及时纠正处理，减少人为因素对项目建设质量的影响。同时由第三方对项目运营后的成本进行监审，为政府付费和调价提供依据。项目已经连续稳定运行多年，累计处理可降解有机废物总量超过 200 万吨。2019 年，项目累计处理可降解有机废物总量超过 35 万吨，累计外送净化生物质燃气量 815 万立方米。

该项目招标省级或以上具有水利工程质量检测资质认定计量认证证书或建设工程质量检测资质认定计量认证证书的第三方质量检测机构，对整个工程质量进行公平、公正、合理评价，开展厂、站桩基础检测、基坑监测、环湖管道闭水试验、环湖管道

CCTV 检测等工作，确保截污干管建设质量合格，切实避免干管质量问题引发的渗漏对洱海生态环境的影响。

⑤智慧化管控，科学考核，数据透明，付费有据

该项目建设同步搭建了完善的智慧监管系统，项目运营后实现污水收集和处理结果数据透明化，结合项目绩效评估办法，利用智慧监管系统提供的污水处理量和水质在线监控数据，实时形成绩效评估结论，全过程监控项目运营效益，实现处理有数据，付费有依据，绩效考核标准客观统一、效益直观，治理成果可视，运营成本可控，绩效考核实时高效、务实有据。

在此案例中，政府完成了从传统的政府包揽式提供方式向 ppp 模式转变，包括政府职能的转变、创新的预算管理、整合社会资源等方面的机制改革等，从经营者转变为合作者。同时政府能够作为项目运作的监督和指导者，健全相关法律法规，保护和促进公共利益，建立符合云南省情、洱海特殊资源情况的规范化、标准化交易流程，第三方质量检测机构、智慧化管控等都体现了云南省政府在完善政企合作机制中做出的努力和尝试。同时，云南省政府请专业的人干专业的事有效加强了项目的可行性研究和项目评估，在项目融资和风险防范上发挥了重要的作用。

案例二：杭绍台高铁

我国首条民营资本控股高铁——杭绍台高铁于 2022 年 1 月 8 日开通，作为国家级铁路 ppp 示范项目，杭绍台铁路 ppp 项目探索了高速铁路建设整体采用 ppp 模式的可行性，体现了公共产品供给中 ppp 模式在我国基础设施领域发挥的重要作用和重大意义。

（1）项目介绍

杭绍台铁路，是我国第一条民营资本控股的铁路。整个项目纳入政府与社会资本 ppp 合作范围的总投资约为 409 亿元。项目资本金为总投资的 30%，约 124 亿元。资本金以外的资金缺口由项目公司通过融资解决。由复星商业、上海星景资本、宏润建设、万丰奥特、浙江基投、众合科技、平安信托、平安财富 8 家公司组成的民营资本联合体，占股 51%，中国铁路总公司占股 15%，省、市政府按 4∶6 比例持股，浙江省交通投资集团代表省政府出资，占股 13.6%，绍兴市和台州市分别占股 10.2%。

项目采用建设—拥有—运营—移交（BOOT）方式，由项目公司负责项目的融资、建设、运营和维护，并拥有相关资产所有权。项目合作期限 34 年，其中建设期 4 年，运营期 30 年。合作期满后，项目设施无偿移交给政府方。政府与社会资本双方按照风险分担、利益共享的原则，社会投资人的回报机制为运营收入（运营前十年）+可行性缺口补贴。在实施方案确定的合作条件下，可行性缺口补贴金额通过与社会投资人磋商，竞争性确定，同时，约定列车开行对数、超额收入分配等回报调整机制。地方政府和中间层的参与，也实现了多方协作，优势互补，减轻了民营资本对高铁这个陌生行业的担心。产业布局上，该项目拥有商业运营、旅游、文化、医疗服务、养老、体育竞技等方面的基础，达到了高铁与城市、产业串联的进一步资源整合的目的。

（2）项目运作与融资

高速铁路作为准公共产品，具有较强的公共性，政府希望在一定年限后回购或者无偿收回社会资本方所拥有产权份额，并最终拥有高速铁路的所有权。另外，政府要

在一定程度上发挥以复兴集团为首的社会资本联合体在提高效率、管理风险等方面的优势。因此，杭绍台铁路 ppp 项目选取公司型投资结构。社会资本方和政府方可以通过股东协议、公司章程或签署协议来约定以复星集团为首的社会资本联合体在运营期结束后将所持的股权无偿转移给浙江政府。以复星集团为首的社会资本联合体可以与政府方在股东协议中明确双方的权利和义务，通过股东协议来激励约束社会资本方。

充分考虑项目的经济特征、投资结构、融资渠道等因素，以满足项目的资金需求。ppp 项目主要有 5 种融资结构：投资者直接安排的融资结构、投资者通过项目公司安排融资的融资结构、以"生产支付"为基础的融资结构、以"设施使用协议"为基础的融资结构、以"杠杆租赁"为基础的融资结构。杭绍台铁路 ppp 项目主要采用了投资者直接安排的融资结构和投资者通过项目公司安排的融资结构两种结构。投资者直接安排的融资结构是几种融资结构中最简单也是应用最广泛的。杭绍台铁路 ppp 项目总投资约为 409 亿元，其中规定项目资本金占项目总投资的 30%，这 30%的资本金部分由以复星集团为首的社会资本联合体、政府方及中国铁路总公司按其持股比例采用投资者直接安排的融资结构投入。同时，杭绍台铁路 ppp 项目采用了通过项目公司安排融资的融资结构。投资合同规定，除资本金以外的资金需求由项目公司（SPV）通过融资解决，该项目公司可以通过向金融机构借款、以较低利率发行债券、设计金融产品发售、挂牌新三板定向增发等多种渠道融通资金。除了以上两种融资结构以外，在后续的融资过程中，以复星集团为首的民营资本联合体还可以采用以"生产支付"为基础的融资结构，民营企业可以以杭绍台 ppp 项目特定份额的生产量的收益作为信用保证为该项目融资。杭绍台铁路 ppp 项目的主要资金来源是社会资本方自有资金、银行贷款和基金。

（3）项目盈利分析

民营企业进入高铁 ppp 项目中，最关心的还是项目的盈利性。然而高速铁路具有投资大、建设周期长等特点，这会导致项目成本回收困难。再加上长期政府控股下，政府在整合各种资源方面能力较弱。高铁的盈利性较差一直是困扰我国高铁产业的魔咒，这也是民营资本长期以来不愿意进入高铁领域的最大因素。在杭绍台铁路 ppp 项目中，浙江省政府积极关注民营资本盈利水平，各地政府与以复兴集团为首的社会资本方按照风险分担、利益共享的原则合作，采取多种措施提高民营资本的盈利水平。

首先，项目确定的民营资本联合体的回报机制为运营收入+可行性缺口补贴。该回报机制中的运营收入包括该高铁的线路使用费、接触网使用费、广告等。根据项目的可行性研究报告，项目全部投资税后财务内部收益率为 1.58%，低于行业基准收益率 3%，财务净现值-1 234 612 万元，借款偿还期 26.9 年（含建设期），该项目财务效益较差。由于该项目财务效益较差，低于铁路行业基准值，所以需要有关部门积极采取有效的运营期补亏措施并给予适当优惠政策，充分发挥地方政府的主导作用，积极争取政府的财政补贴，采用政府财政补贴加土地综合开发的双重措施，维持项目财务的良好持续发展。

其次，在可行性补贴方面，由于该项目的运营期长达 30 年，项目投资回收期较长，根据可行性报告中的相关测算，该项目在运营期前十年，现金流量不足。为了解决项目运营前十年现金流量不足和项目的财务收益较差会挫伤民营资本积极性的问题，该项目在运营期前十年设立了可行性缺口补贴。补贴方式为静态可行性缺口补贴加上动态调整机制（如超额收入的分配、列车的调度等）。可行性缺口补贴金额由政府与以复星集团为首的社会资本方磋商确定。根据社会资本联合体之一的宏碁建设发布的中标公告，社会资本联合体可以从政府方获得的可行性缺口补贴总额为68亿。该回报机制不仅可以保证民营资本获得合理的回报，而且还可以利用市场调节机制，分散未来运营过程中的运营风险，从而大大地提高了民营资本的积极性，确保杭绍台铁路项目稳步推进。

最后，在土地综合开发方面，2014年，国务院发布《关于支持铁路建设实施土地综合开发的意见》，该意见明确指出在符合土地利用的规划下支持民营资本等各方通过自主开发、转让、租赁等多种方式来利用高铁沿线建设用地。长期以来，由于政府在整合资源方面能力较弱，所以，我国高铁利润来源单一，盈利性一直不太乐观，民营资本一直不敢参与投资。

在杭绍台ppp项目中，浙江省政府鼓励以复星集团为首的社会资本联合体开发杭绍台铁路沿线的建设用地。杭绍台铁路周围人口密集、商业较发达，具有开发的潜力。以复星集团为首的社会资本联合体欲通过"铁路+土地"的新模式来提高盈利水平，增加投资回报。复星集团产业较为多元化，涉及地产、物流、商业、物联网、医疗、自然资源开发、投资等多个领域。复兴集团可以利用其既有的产业优势，通过开发高铁沿线、各个高铁站点等来延伸高铁的产业链条、增加高铁的盈利点。这是我国铁路土地综合开发方面的试水项目，如果复星集团成功推行该盈利模式，则我国有望在今后的高铁建设中复制该模式，从而增强高铁的盈利性。在今后的高铁ppp项目中，我们应当采用"高铁+ppp+产业"的开发模式，积极开发高铁沿线建设用地及所经车站、站前广场等，通过搭配多种商业项目可以优化资源配置，延伸高铁产业链，增加高铁盈利点。"高铁+ppp+产业"的开发模式可以让高铁建设更加完善，这不仅能促进民营资本参与高铁的积极性，而且还能拉动高铁沿线地区经济发展。

综上所述，虽然该项目的财务收益较差，但是由于政府方采用可行性缺口补贴加土地综合开发的双重措施，社会资本方能够从中获得应有的收益，从而能够提高社会资本方投资的积极性，推进项目稳步发展。

案例三：宁波文化广场

（1）项目介绍

宁波文化广场位于宁波东部新城中央走廊，是宁波市"十一五"规划建设的大型公共文化综合体，于2008年7月奠基开工，由宁波开发投资集团有限公司、鄞州区国有资产投资有限公司、鄞州区城市建设投资发展有限公司共同出资组建的宁波文化广场投资发展有限公司（以下简称文化广场公司）作为建设主体单位。本公司拥有政府投入的资本金8亿元，独立承担文化广场项目的开发建设和经营。宁波文化广场投资近30亿元，总建筑面积32万平方米，有4大区块9大文化功能，是宁波有史以来最大的文化综合功能区项目，具备承载区域文化事业、带动区域文化产业发展的优势和功能。

（2）项目运作与融资

从项目本身来说，公共文化项目投资大、回收周期长的特性导致其融资功能弱。

文化广场公司积极寻求解决办法，一是在建设环节更多地依靠开发投资集团公司的融资能力；二是在运营环节，组建影院、科技场馆、体育场馆、教育培训、剧院演出和配套管理 5 个专业运营平台的运营公司，这些平台通过与国内外有实力、有影响的文化企业进行合作，引入外资、民资等各种社会资本，建立较好的投资模式，发挥运营平台较强的融资能力。文化广场公司一边依托他们已有的运作模式和成功的经验，向银行提供融资的重要依据；一边通过成立合资方的方式，让他们解决一部分资金。针对文化项目投资回报周期长的特点，在投资回报上，更多的是基于资产的增值。文化广场公司认为当东部新城区块逐渐成熟后，文化广场资产价值会大幅提升，从而进一步提高融资能力。从运营层面来看，在政府采购、专项补贴的同时，争取吸收社会公益资金参与。

宁波文化广场事业性质、企业运作的模式经历了反对→争议→认可的过程。从公共文化传统来说它是一个事业单位，以前都由政府承担，而现在采用企业建设、市场模式运作。经过 3 年左右的建设，文化广场公司尝试了许多创新。首先，融资建立分公司，独立运作。宁波大剧院总投资 6.2 亿元，为解决政府资金不足的问题，项目引入了宁波广电集团作为融资主体。项目建设兼顾了文化功能与现代化城市商业活动功能，配置了部分商业用房，为以后的正常运作奠定了基础。大剧院成立了独立的企业法人，经营内容分两大板块：一是政府购买服务部分，文化演出享受 6 万元/场的高雅艺术补贴；二是市场化运作部分，商业用房出租资金单独核算，收入用来支付宁波广电集团的本金，另外财政给予贴息补助。其次，提供项目，委托管理。由文化广场公司提供场地和教育设施，与上海寓教于乐公司合作组建管理运营班子，文化广场公司派驻监管人员，在文化广场打造"育乐湾"儿童职场和青少年体验教育基地。最后，合资共建，打造协作单位的连锁店。这一运营模式以广场影城为代表，文化广场公司与 CGV 国际影城公司合资合作后成立了宁波文化广场希杰影城，注册资本 515 万美元，双方各持 50% 股份。该运营模式不仅带来了全新的影院运营理念和创新性设计，也承担了影院投资的近 5 000 万元的资金来源。

（3）项目效益

宁波文化广场采用 ppp 模式的成功之处有：一是实现了社会资本参与公共文化事业建设，解决了政府财政资金不足的问题；二是采用企业化管理，降低了运行成本，采用市场化运作，实现了财务平衡；三是政府给予高雅艺术资金补贴实现了票价控制，扩大了受众范围，实现了较好的社会效益。我们通过分析宁波文化广场案例，在今后公共文化建设项目中，可以得出以下几点经验。第一，在 ppp 项目中，要明确职能分工，政府是公共文化建设项目的倡导者、管理者和提供者，在公共文化建设项目过程中需明确政府职能。企业是公共文化建设项目的参与者、投入者，在建设过程中要发挥企业的创新性和积极性，政府和企业在合作过程中要实现互补的目的。第二，分担风险。公共文化建设项目周期长，公益性质明显，在建设过程中应明确政府和社会资本方的风险分担机制，做到损失最小化。第三，尝试多种融资形式。在项目执行过程中，项目公司不能拘泥于现有股权结构，要积极探索与其他各类资本的合作，引入资本解决运营问题的同时，也使项目本身实现丰富群众生活，提高城市形象的目的。

二、

财政收入篇

（一）"营改增"

"营改增"作为结构性减税的重要举措，以减少营业税重复征税为出发点，使社会形成良好循环、使社会分工细化，也在完善和延伸二、三产业增值税抵扣链条的同时，减轻了企业税负，用政府收入的"减法"，换取企业效益的"加法"和市场活力的"乘法"。其通过税种替代和课税机制转换等改革举措既实现了课税机制的转换，也达到了全面减税的政策意图。同时，根据增值税税价分离的特征，"营改增"后的价格可以真正反映市场供求状况，引导资源配置方向。"营改增"的推行，将改变生产流通领域不同行业面临两套税制而带来的税负不公平状况，促进市场主体规范化管理，推动形成公平竞争的市场环境。

2016 年，北京市财政收入首破五千亿元，"营改增"全年减税 641 亿，全年全市一般公共预算收入累计完成 5 081.3 亿元，同比增长 7.5%。这是北京市财政收入首次突破 5 000 亿元大关。2016 年北京市财政收入实现量质齐升，不仅规模实现历史性突破，收入质量也在稳步提高。税收收入占比达九成。此外，科技型企业、总部经济、金融业、信息服务业、商务服务业等优势行业，六大高端产业功能区企业对财政收入的贡献率稳步增长，对财政收入增长形成较强的支撑。

随着"营改增"试点的全面推开，截至 2016 年年底，北京市 89.3 万户试点纳税人顺利完成税制转换，97.2% 的纳税人税负下降或持平，试点纳税人总体税负下降 28.8%，2016 年北京市"营改增"减税达 641.4 亿元，其中建筑业、房地产业、金融业、生活服务业四大行业扩围新增减税 175.7 亿元，减税效应明显，增强了企业的发展活力，也进一步优化了涵养财源的财税环境。"营改增"从顶层设计、实施准备到正式实施，从中央部委、地方财税部门到各个行业，这项重大税制改革在全国迅速、有力推进，效果显著，从 2016 年财政部发布的财政收支情况看，2016 年全国财政收入增速放缓，同时"营改增"减税进一步显现，新纳入"营改增"试点的建筑业、房地产业、金融业等税收降值明显。

对"营改增"的评价，我们既要看到当前，又要着眼长远；既要看到近期实实在在减了多少税，更要看为企业和长远经济发展所带来的益处，这样才能够整体上把"营改增"效应凸显出来。全面推行"营改增"有利于降成本、强结构、强动能。企业家搞经营需要战略眼光，应该高度重视"营改增"对促进企业生产经营管理方面的积极作用。"营改增"试点的效果会在更长的周期内充分显现。

（二）企业所得税减税降费

1. 政策

（1）扩大小微企业认定范围和加大税收优惠力度

认定标准方面，不分企业所处行业，将从业人数低于300人、资产总额不超过5 000万的企业认定为小微企业。税收优惠力度方面，对于年应纳税所得额100万元以下的，自2021年1月1日至2022年12月31日，减按12.5%计入应纳税所得额，按20%的税率缴纳企业所得税；年应纳税所得额100万至300万元的，减按50%计入应纳税所得额，按20%的税率缴纳企业所得税。

（2）支持科研创新

2017年提高科技型中小企业研发费用税前加计扣除比例，并于2018年将研发费用加计扣除比例提高到75%的政策享受主体扩大至所有企业。2021年1月1日起将制造业企业研发费用扣除比例由75%提高至100%。

2. 作用

①激发市场活力、鼓励企业投资。当前，受市场需求疲软、出口增长放慢、人口红利减少以及劳动力成本上升等影响，企业面临成本较高、利润下降、经营困难、压力加大局面。政府通过大幅降低增值税税率，对小型微利企业采取支持力度更大的增值税和所得税政策，有利于减轻企业税费成本负担，增加企业利润，提高企业经济效益，激发微观主体活力。

②增强外贸出口。国际竞争加剧，我国出口面临严峻挑战。政府通过实施积极减税政策，以减税增加居民可支配收入，拉动消费需求；通过增加出口退税减税政策，使得我国出口企业产品成本降低，国际竞争力增强。

③促进产业转型升级，将16%的增值税税率大幅下调3个百分点，有助于缓解工业、制造业、商业服务业等实体经济所面临的较为严峻的经济压力和挑战。政府通过较大幅度降低高档位税率、较小幅度降低中档位税率、低档税率保持不变，有利于平衡工商业与服务业税负，更好保持增值税中性，减少税收对资源配置的干预，提高资源配置效率，促进实体经济发展和经济转型升级。

（三）个人所得税减税降费

1. 政策

①实行综合与分类相结合的个人所得税改革跨出实质性一步。将工薪所得、劳务所得、特许权使用费所得和稿酬所得由分类征收改为综合征收，更有效地发挥调节收入公平的作用。

②2018 年 10 月 1 日，个人所得税第一步改革实施，由基本扣除改为基本扣除和专项附加扣除相结合。在基本扣除费用标准由每月 3 500 元提高到每月 5 000 元基础上，适用新税率表，优化税率结构，拉大 3%、10%、20% 税率级距，缩小 25% 税率级距，维持 30%、35%、45% 税率级距不变，使中低收入者个税负担大幅降低。

③2019 年 1 月 1 日，个人所得税第二步改革实施，增加 6 项专项附加扣除（子女教育、继续教育、住房贷款利息、住房租金、大病医疗、赡养老人），实现了税制模式的根本性转变，标志着综合与分类相结合的个人所得税制全面实施。

④2020 年是开展个税改革后首次综合所得年度汇算。

2. 作用

①缩小收入差距。个人所得税改革有利于减轻中低收入者的税收负担，缩小中低收入者与高收入者税后收入差异，起到改善收入公平分配功能的作用。

②拉动居民消费。一方面，降低个人所得税税负，增加居民税后可支配收入，有利于增加居民个人消费；另一方面，增值税减税改革，可以降低物价水平，从而起到扩大消费的积极作用。

③增加劳动就业。大力推进减税降费改革，通过对经济的带动促进产业结构调整，这将有利于增加劳动就业，促进就业的增长。

三、

财政支出相关案例

（一）政府采购

1. 定义与现行方案

政府采购是指各级国家机关、事业单位和团体组织，使用财政性资金采购集中采购目录内的或者采购限额标准以内的货物、工程和服务的行为。实施政府采购的主要目的是规范政府的采购行为，加强对政府财政支出的管理和监督；降低采购成本，提高财政资金的使用效益；贯彻国家宏观经济政策，促进政府宏观调控水平的提高。在我国建立和推行政府采购，具有极其深远的现实意义。

2018 年 11 月 14 日，中央全面深化改革委员会第五次会议审议通过《深化政府采购制度改革方案》（以下简称《深改方案》）。《深改方案》明确要求："深化政府采购制度改革要坚持问题导向，强化采购人主体责任，建立集中采购机构竞争机制，改进政府采购代理和评审机制，健全科学高效的采购交易机制，强化政府采购政策功能措施，健全政府采购监督管理机制，加快形成采购主体职责清晰、交易规则科学高效、监管机制健全、政策功能完备、法律制度完善、技术支撑先进的现代政府采购制度。"

因此，为贯彻落实《深改方案》要求，完善政府采购法律制度，《中华人民共和国政府采购法（修订草案征求意见稿）》（以下简称《征求意见稿》）针对采购人主体责任缺失、采购绩效有待提高、政策功能发挥不充分、公共采购制度不统一不衔接等问题，以解决政府采购实践中的突出问题为导向，优化政府采购法律制度体系，打造市场化、法治化、国际化营商环境，推动政府采购制度与国际通行规则接轨。《征求意见稿》坚持问题导向，针对突出问题，总结实践经验，提出制度化解决方案，主要体现在三个方面。

一是进一步强调采购人的主体责任地位。不可否认的是，一段时间以来，政策虽然强化了采购人的主体责任，但是在具体操作过程中，采购人的主体责任地位仍被淡化，实操效果并不理想。此次《征求意见稿》进一步强调了采购人的一系列主体责任内容，对于贯彻落实《政府采购法》，扩大政府采购规模，提高政府采购效率和质量均会有较大影响。

二是强化政府采购的政策功能。虽然现行《政府采购法》有专门条款规定，政府采购活动要体现其政策功能，但由于其规定较为笼统，在实际操作中难于全面落地实施。因此，《征求意见稿》专门设置一章内容，从支持本国产业、维护国家安全、支持科技创新、促进中小企业发展和支持绿色发展等方面作了详细的规定。同时，从政策执行措施和政策统一性要求角度，进一步明确了政府采购政策落地办法。

三是拓展了政府采购方式。《征求意见稿》在进一步完善原有采购方式基础上，增加了框架协议采购方式和创新采购方式，解决了长期以来的战略采购问题和无法明确采购对象又存在风险分担的采购问题，其中创新采购方式更有利于通过政府采购促进技术创新与科技进步。

2. 案例

案例一 "某田径场塑胶跑道卷材采购项目"竞争性磋商案例

2020年9月，采购人C委托代理机构G就该单位"某田径场塑胶跑道卷材采购项目"进行竞争性磋商。财政部门在审查过程中发现，该项目采购活动中存在以不合理的条件对供应商实行差别待遇或者歧视待遇。财政部门根据《中华人民共和国政府采购法》第七十一条的规定决定对被处罚人作出警告。

公平竞争是我国政府采购遵循的基本原则。政府采购无论在法律层面还是在操作层面始终坚持对各类市场主体平等对待，不得将与企业的经营年限、经营规模、财务指标、股权结构等挂钩的条件或证书作为资格要求或评审因素，不得指向特定产品或特定供应商，不得变相对供应商实行差别或歧视待遇。

中标供应商A表示因对招标文件的报价中的"下浮系数"理解错误而放弃中标资格，拒绝与采购人签订政府采购合同。中标供应商A并没有理解错误报价中的"下浮系数"，只是因为本项目招标之后，相关材料价格上涨，经计算过后认为履行合同没有利润，假以错误理解"下浮系数"为由来放弃中标资格，拒不与采购人签订政府采购合同。上述理由并非正当理由，因此财政部门根据《中华人民共和国政府采购法实施条例》第七十二条和《中华人民共和国政府采购法》第七十七条的规定，对中标供应商A"无正当理由拒绝签订政府采购合同"的违法行为依法对其作出罚款、列入不良行为记录名单以及在一定年限内禁止参加政府采购活动的处罚。

在政府采购实践中，部分中标、成交的供应商未能清楚知晓无正当理由拒绝签订政府采购合同的法律后果，以为在中标、成交后拒绝签订政府采购合同仅会被没收投标保证金或处以罚款。当中标、成交供应商拒绝签订政府采购合同时，采购人和采购代理机构应做好沟通工作，准确告知该供应商无正当理由拒绝签订政府采购合同的法律后果，让供应商谨慎考虑，避免因对政府采购法律不了解而草率作出拒绝签订政府采购合同的决定，同时也能提高采购人的政府采购效率。

案例二　为谋求特定供应商中标、成交或者排斥其他供应商的串通行为案例

若尔盖县教育局 2021 年中小学学生食堂及配套设施设备项目采购中，四川金纬度机械设备制造有限公司与四川九州蜀都厨房设备有限公司恶意串通，四川九州蜀都厨房设备有限公司中标后，四川金纬度机械设备制造有限公司派出工作人员代表四川九州蜀都厨房设备有限公司与采购人签订合同。2021 年 12 月，若尔盖县财政局对四川九州蜀都厨房设备有限公司、四川金纬度机械设备制造有限公司作出罚款 44 600 元、并列入不良行为记录名单、在一年内禁止参加政府采购活动的行政处罚。

大安区文化广播电视和旅游局 2019 年自贡旅游商品博览会项目采购中，中国邮政集团有限公司自贡市分公司既为项目提供整体设计方案，又递交响应文件继续参与采购活动，并与供应商自贡创想新视听灯光音响工程有限公司、自贡市高新区佳合文化传媒工作室恶意串通。中国邮政集团有限公司自贡市分公司成为成交供应商后，将政府采购合同转包四川墨策文化传播有限责任公司实施。2022 年 2 月，大安区财政局对中国邮政集团有限公司自贡市分公司作出罚款 4 015 元，并处没收违法所得 414 868 元、在三年内禁止参加政府采购活动的行政处罚；对自贡创想新视听灯光音响工程有限公司、自贡市高新区佳合文化传媒工作室作出 2 007.5 元罚款、在一年内禁止参加政府采购活动的行政处罚。

案例三　将政府采购合同转包

攀枝花市商务局 2019 年西部国际博览会进出口商品展攀枝花馆设计制作项目采购中，成交供应商成都壹加众杰数字科技有限公司将政府采购合同转包给成都博莱文化传播有限公司实施。2021 年 12 月，攀枝花市财政局对成都壹加众杰数字科技有限公司作出罚款 14 180 元、列入不良行为记录名单、在一年内禁止参加政府采购活动的行政处罚。

案例四　供应商提供虚假材料谋取中标、成交案例

岳池县发展和改革局 2020 年应急救灾物资储备项目采购中，四川古丽娜棉纺制品有限公司伪造四川省纤维检验局检测报告投标响应，并冒用成都市恒达纺织品有限公司、成都美尔达服饰有限公司名义，伪造成都市恒达纺织品有限公司、成都美尔达服饰有限公司投标文件参与投标。2021 年 7 月，岳池县财政局对四川古丽娜棉纺制品有限公司作出罚款人民币 20 000 元、列入不良行为记录名单、在三年内禁止参加政府采购活动的行政处罚。

（二）国库统一支付

1. 国库集中支付制度的相关概念

（1）国库集中支付的遵循原则

预算单位会计主体不变的原则，实行国库集中支付管理是在预算单位资金所有权

不变，资金审批权不变、资金使用权不变、会计核算权不变的原则下进行，所有资金收支都按规范程序在国库单—账户体系内运作，有利于规范操作。这样既可以理顺政府分配关系和政府财政资金的权属关系，保持财政资金的完整性和统一性，又可以在不改变各预算单位的事权与财权关系的情况下，保证部门、单位工作的正常开展和理财积极性。

透明管理原则，在"四不变"的前提下，将预算单位会计工作和出纳工作分离，资金用款和资金拨款分离，部门、单位按照《中华人民共和国预算法》和《中华人民共和国会计法》的要求，在年初部门预算的编制、定期会计报表的报送、年终财务决算、筹集资金、组织收入、使用审批资金、实施会计核算、财务管理、资产管理等方面仍行使既定职能。支付中心则提高财政性资金拨付整个过程的透明度，有利于管理监督。

资金高效运转的原则，力争减少资金使用和拨付流转环节（支付中心工资到个人，用款到供应者，采购到供应商），使预算单位用款更加及时便利，加快资金运行速度，提高资金使用效率。

积极稳妥的原则，实行集中支付制度是一项全新的工作，考虑到经济发展现状，遵照市委、市政府的"态度坚决、稳步操作、逐步到位、规范动作"十六字方针，我们采取分步实施，先易而难，平稳过渡的办法，在单位选择上"先行政、后事业"，在实际操作上遵循"先集中、后规范""先合理、后合法"的原则

（2）国库集中支付的实施范围和内容

①实施范围。包括市直机关工作部门和事业单位原则上全部纳入国库集中支付管理中（实行企业化管理的事业单位除外）。

②实施内容。预算单位的预算内资金、预算外专户资金、上级专项拨款、政府性基金、专用资金及其他资金（工会、食堂除外）安排的支出均实行国库集中支付。按具体支付形式分为：统一发放工资支出，统一政府采购支出，统一专项经费支出，统一其他支出。支付中心按照批准的年度部门预算和政府确定项目，结合用款计划和支付申请，统一办理支付业务。

（3）国库支付中心的组织机构

改革财政国库管理制度，实行财政性资金集中支付，大量的支付业务将由预算单位转到财政部门直接办理。为有效管理监督，按照财政国库管理与支付执行相分开的要求，太仓市成立了国库支付中心，隶属于市财政局，机构性质为全额拨款事业单位，工作人员参照国家公务员管理制度进行管理。其主要负责受理审核预算单位的支付申请，开具支付令，进行相关的会计核算，保证账目准确，及时反映支付情况，为预算执行分析提供信息等工作。

2. 案例

近年来，江苏省太仓市财政体制改革不断推进，对全市经济社会的健康快速发展起到了有力的促进作用。特别在加强财政支出管理方面进行了一系列大胆的探索和改革，通过推行收支两条线、部门预算、政府采购、部门建立会计核算中心等财政改革。这些改革规范了财政资金的收支行为。对从源头上防止和治理腐败起到了积极的促进

作用。这些支出改革的支付方式主要是通过预算单位设立多重账户分散进行拨付资金。

随着社会主义市场经济体制下公共财政的建立和发展，这种在传统体制下形成的运作方式显露的弊端越来越突出。一是重复和分散设置账户，导致财政收支活动透明度不高不利于实施有效管理和全面监督。二是财政收支信息反馈迟缓，难以及时为预算编制、执行分析和宏观调控提供可靠依据。三是支出执行中资金分散拨付，相当规模的财政资金滞留在预算单位，难免出现截留、挤占、挪用等问题，既降低了资金使用效率，又容易诱发腐败现象，加大了财政调度资金的难度。

于是在坚持资金使用权和审批权不变的前提下，国库集中支付制度政策取消各预算单位原来的账户，财政部门建立国库单一账户体系，将所有财政资金都存放于该账户体系，并在预算单位需要实际支付时，通过直接支付和授权支付两种方式将资金从国库单一账户体系中支付给供应商。

（三）财政分权

标准的财政分权要求地方政府在一定的法规约束下，拥有一定的税收和支出的自主权。税收自主权主要包括税种的设置和税率的确定，而支出自主权主要包括确定支出的项目和数量。在收入分权方面，第二代财政分权理论强调下级政府自身生成收入的重要性。下级政府征集的收入占当地财政收入的比重越高，则下级政府就越会对辖区居民尽责，为辖区居民提供更多更好的公共品，同时减少腐败。

在中国，地方政府没有与事权对应的课税权力。1994年分税制改革将各税种划分为中央税、地方税和共享税，地方政府只拥有部分税种的征收权和减免权。因而确切地说，中国只是支出分权，而课税权力仍集中于中央。衡量财政分权程度的重要指标之一，就是地方政府收支占一国财政总收支的比重。1994年实施的分税制财政体制改革显著改变了中央与地方财力的对比关系。1994年，地方财政收入占全国财政收入的比重由1993年的78%迅速下降为44.3%。随后的几年，由于企业所得税和个人所得税收入有所增加，地方财政收入占全国财政收入的比重也略有增加，1997年曾达到51.1%。而2002年实施的所得税分享改革，使得近年来地方财政收入占全国财政收入的比重基本上在45%左右徘徊。省级财政除了增值税、所得税收入来源外，主要依靠营业税和一些税收收入来源非常少的小税种。所以在省以下各级政府间，越往下，就越无税可分。县级财政收入在全国财政收入中占比逐年下降，这种情况到2005年才有所好转。2009年，县级财政收入占全国财政收入比重回升到20%。

分税制不仅仅表现在收入权上移，而且更多地表现在支出责任下移。大部分地方财政从主要依靠自身财力满足支出需要转化到极大依赖中央的财政转移支付。2000—2009年《中国财政年鉴》表明，中国省、市、县、乡四级地方财政支出占全国财政支出比重，由2000年的65.5%，上升到2009年的80.01%，处于明显上升趋势。其中，地市、县两级政府占比高达60%。对照发达国家省（州）以下政府支出占各级政府支出总额大约30%的水平，中国地方政府支出占比明显较高。实际上，中国基层政府既无收入决定权，也无事项决定权，更多的只是拥有执行权而已。在这样一种没有收支自主权的情况下，基层政府提供公共物品的积极性和提供公共物品的效率就可想而知了。

1994 年的中国式财政分权，从一开始就表现为收入上移，支出责任下移的特征。在财政收支不平衡的情况下，地方政府为扩大支出自主权，极力增加预算外收入。2000 年，治理乱收费斩断了地方政府预算外资金来源，很快就出现拖欠教师工资、公共服务短缺的现象。在中央政府出台政策保工资、保运转后，地方政府为求发展，应对上级政府的绩效考核，弥补建设资金不足，展开了一场轰轰烈烈的招商引资活动，后来又大搞土地财政。同时，地方政府挪用或骗取中央财政专款的情况也屡见不鲜。中国式财政分权所存在的财权事权分离问题，需要从制度上进行彻底的改革，实现中央地方财税关系的法治化。

（四）央地关系

中华人民共和国成立以来，我国中央政府与地方政府间的财政关系经历过多个阶段的变化，从计划经济时期统收统支的中央财政集权，到地方"大包干"的分权时期，再到 1994 年分税制的提高"两个比重"，后来又至"营改增"新时期，分权与集权之间几经来回，财税体制的演变带来央地权力关系的变迁。

计划经济时期的财税体制：1949 年中华人民共和国成立以来到 1978 年改革开放以前，我国走的是苏联式的计划经济路线，企业几乎都是公有制，中央政府统筹规划一切经济活动，但受信息能力的客观限制，中央显然不可能掌握到下级政府及民众的所有经济信息，这个信息收集的成本是极大的，所以分层次产销衔接，层层下达，是这个阶段央地行政关系的主要表现。而央地财政关系也是类似，财政表现为统收统支，地方政府不过是传递中央政府计划性指令的执行单位，一切受中央政府的支配，并无多少自主性可言。此时也没有考虑个体单位实际的盈利性，都是在为上级办事，故也没有多少生产的积极性。

财政大包干时期的分权：1978 年以后，随着我国改革开放进程的到来，我国中央与地方的财政关系开始转向以分级包干，自求平衡为主要特征的财税体制，地方只要上缴一定数额的预算，剩余的皆可留为己用，这样的承包方式大大促进了地方政府组织生产的积极性，极大地释放了基层的活力。但这种激励也带来了后来中央政府的担忧，各地区之间经济竞争激烈且不平等之势愈加明显，还有十分突出的重复建设、结构失调、地区封锁、资源配置扭曲，经济过热等问题。而最为核心的是，随着地方经济的飞速增长，中央财政预算收入占全部财政预算收入的比重持续下降，中央财政与地方财政的矛盾也越级越深。地方政府如果今年上缴份额多，下一年会被要求上缴更多的份额，故地方政府在征税力度上也不会倾尽全力，以求保住自己的这块蛋糕不被中央分走太多。

1994 分税制改革：1994 年是财税史上特殊的一年，中央政府为了缓解中央财政的紧缺状态，以更好地发挥财政宏观调控经济的作用，从而实施了分税制改革。提高财政收入占 GDP 的比重和中央财政收入占全国财政收入的比重。提高"两个比重"有利于增强财政的再分配能力和提高公共服务，促进社会公正和协调地区间发展差异的能力，从而有利于国家社会稳定。当时政府设置了中央税，地方税，中央与地方共享税，简化了税制结构，统一了税率，并分设国税、地税两套征税系统。在税源划分上来说，将税源分散、收入零星、涉及面广的税种一般划归地方税，税源大而集中的税种一般划为中央税，共享税上也是中央拿大头，地方拿小头。将原本属于地方的消费税划归中央，并确定了增值税中央与地方占比为 75：25 的分享比例。为了保证地方政府的利益，获得地方政府的支持，中央提出以分税制前一年为基数对地方进行增值税和消费税的两税返还。分税制改革以来，这项政策迅速被证明是财权上收的改革，中央财政获得了充足的收入，其占全部财政收入的比重迅速上涨。

"营改增"后的新时期：2016 年 5 月，我国将"营改增"试点推向全国各地各行业，营业税彻底退出历史舞台，今后将由增值税进行全面替代。很多人认为"营改增"这项改革又是一项集权的改革，因为营业税原本全额属于地方财政，是地方财政收入的主要来源，增值税为中央与地方共享税，中央占有 75% 的收入，地方占有剩余的 25%，而现如今把营业税改征增值税，也就意味着地方将失去其主体税种，地方税体系的重新构建迫在眉睫。2016 年 4 月，《国务院关于印发全面推开营改增试点后调整中央与地方增值税收入划分过渡方案》，方案明确表示，在未来 2 至 3 年的过渡期内，增值税收入中央与地方将实行五五分成，以保障地方既有财力，又不影响地方财政平稳运行。缓解了地方财力，保证中央地方政府利益平衡稳定，有效促进地方促进发展经济，组织财政收入的积极性，有利于实现维护制造业和拉动消费的宏观经济目标。

（五）地方财政竞争

地方政府财政竞争主要分为两个维度：水平竞争和垂直竞争。

水平竞争是指处于同一等级辖区政府为争取税基而展开的竞争，比如不同县级政府间的竞争；垂直竞争是指处于不同等级政府为在同一辖区征收税收而展开的竞争，比如县和其上级市政府间的竞争。还存在边界处而另一种税收竞争——对角线竞争，即辖区边界上不同等级政府不同辖区间竞争，比如存在 A、B 市及两市交界处 C 县（该县属于 B 市），则 A 市与 C 县间竞争为对角线竞争。

浙江"弱市强县"的现象较为普遍，2013 年 5 月 8 日，其北部某市因"撤县设区"收拢财权，酿就了一场风波。该县所有乡镇的主要党政领导联名上书县委、县政府表示强烈抵制市政府的县改区决定，在游行申请未获当地公安机关批准的情况下，县、乡部分领导干部带领上千群众到县行政中心广场以散步的名义抗议市政府的"撤县设区"。最终因担心事件的影响再次扩大，迫于社会压力，市政府以"条件不成熟，暂缓撤县设区"的承诺，使该次事件得以平息。

在浙江财政"省管县"模式的运行中，省直管县的财政收入，每年只需向省里上缴 20%，其余均可留作本级使用，而市辖区，每年则要向市政府上缴财政收入的 50%。在县乡领导看来，市政府"撤县设区"的根本目的就在于通过将省管县变成市辖区来直接占有县级财政收入，增强市级财力。如此做法，必将导致本县财政收入大幅减少，公共财政支出负担加重，招商引资能力直接受损，区域竞争优势不存。如此看来，县、乡官员和普通民众强烈抵制市政府的"撤县设区"也并非无理取闹。但按照市政府官员的说法，"撤县设区"也是事出有因，市政府的初衷在于通过增加财力，为本市在环太湖经济圈的区域竞争中赢得优势，也是为了更好地整合财政资源实现区域经济的协调发展。在本次县改区事件中，市、县两级政府围绕财政资源而进行的"撤县设区"与反"撤县设区"直接体现了地方政府之间的纵向财政竞争。

第五篇
税收政策应用篇

税收政策的不断发展与完善反映出我国经济高质量发展与税收体系全面跟进的良好局面。随着多样化税收政策的不断出台与落地实施，许多税收热点政策在纳税群体乃至整个经济社会中引发了巨大关注，成为与群众生活息息相关的热门话题。热点税收政策在群众的经济活动中更好更高效的应用，对全面建成社会主义现代化强国具有十分重要的现实意义。

　　本篇将从个人所得税热点政策应用、企业所得税热点政策应用、税收优惠抵减热点政策应用及其他税收热点政策应用四部分对当前经济形势下的热点税收政策在实际税收实务中的应用进行简要阐述。

一、
个人所得税热点政策应用

（一）个人所得税年度汇算

1. 什么是个人所得税年度汇算

在年度终了时，居民个人按照综合所得的全年收入额，减去 6 万元减除费用和专项扣除、依法可以确认的其他扣除、捐赠等可以扣除的金额后，计算出应纳税所得额，再按照综合所得年度税率表进行计算就可以得出纳税人当年应缴纳的个人所得税税额。最后，用全年的个人所得税税额减去年度内预扣预缴时已经缴纳的税款，就可以得出本年应补或者应退的税额。所以，综合所得汇算清缴是按年度来结清纳税人应补或应退税款的过程，纳税人需要在这个环节补充完成自己的纳税义务，或者向税务机关申请退还预扣预缴时的多缴税款。

2. 哪些人需要进行个人所得税年度汇算

根据国家税务总局发布的《国家税务总局关于办理 2022 年度个人所得税综合所得汇算清缴事项的公告》，符合下列情形的纳税人需要办理年度汇算。

一是已预缴税额大于年度汇算应纳税额且申请退税的纳税人；二是纳税年度内取得的综合所得收入超过 12 万且补税金额超过 400 元的纳税人。除此之外，因适用所得项目错误或者扣缴义务人未依法履行扣缴义务造成少申报或者未申报综合所得的，纳税人应当依法据实办理年度性汇算清缴申报。

需要注意的是，年度汇算不涉及财产租赁等分类所得，以及纳税人按规定选择不并入综合所得计算纳税的所得。

3. 个人所得税年度汇算的办理方式有哪些

个人所得税年度汇算共有三种办理方式如下：

一是自行办理；二是通过任职受雇单位（含按累计预扣法预扣预缴其劳务报酬所得个人所得税的单位）代为办理；三是委托受托人（含涉税专业服务机构或其他单位及个人）办理，纳税人需与受托人签订授权书。

为便利纳税人，税务机关为纳税人提供高效、快捷的网络办税渠道。纳税人可优先通过手机个人所得税 APP、自然人电子税务局网站办理汇算，税务机关将为纳税人提供申报表项目预填服务；不方便通过上述方式办理的，也可以通过邮寄方式或到办税服务厅办理。

4. 如何通过手机个人所得税 APP 办理年度汇算

登录手机个人所得税 APP 点击首页，找到当年综合所得年度汇算专题页，进入申报页面，系统会自动提示选择简易申报或标准申报。简易申报仅适用于年度综合所得收入额不超过 6 万元且已预缴税款的纳税人，这类纳税人进入简易申报页面，核对基本信息、已缴税款和可申请退税额正确无误后，即可开始申请退税。不符合简易申报条件的纳税人都要选择标准申报，纳税人进入申报页面，首先选择填报方式，这里推荐使用"申报表预填服务"，点击"开始申报"，需核对基本信息、收入和税前扣除数据，如有全年一次性奖金，可选择计税方式，确认无误后，进入"税款计算"界面，系统会自动计算应退税额或应补税额。

5. 不及时补税会有什么后果

根据国家税务总局发布的《国家税务总局关于办理 2024 年度个人所得税汇算清缴事项公告》的规定，汇算需补税的纳税人，汇算期结束后未足额补缴税款的，税务机关将依法加收滞纳金，并在其个人所得税纳税记录中予以标注。对于应补税未补税的纳税人，税务机关对纳税人补税情况进行分析后，先开展提示提醒，对提示提醒后仍未按要求进行自查改正的纳税人，进行督促整改；对经督促后仍未配合改正的纳税人，将进一步采取开展税务约谈、发送税务文书等方式，将可能产生的法律后果告知纳税人；对经约谈警示后仍不配合的纳税人，税务部门将依法依规采取进一步措施。因此，若纳税人收到税务部门提醒您需要补税的相关信息，请及时登录个人所得税 APP 进行确认，确需补税的，请在汇算期内及时办理，以免产生滞纳金。

（二）个人所得税 APP 的多种用途

1. 收入纳税明细查询

收入纳税明细查询可以查询已申报的工资薪金、劳务报酬、稿酬、特许权使用费的收入情况。操作路径如下：首页点击"我要查询"—在申报信息查询栏位下点击"收入纳税明细查询"—选择纳税记录年度及所得类型，选择相应月份后，即可查询纳税明细信息、专项附加扣除信息、本期收入与扣除详情。

2. 申诉及异议处理查询

申诉可以对不属于自己的收入纳税明细、任职受雇信息、企业办税权限进行反馈。异议处理查询可以对已发起的收入纳税明细、任职受雇信息、企业办税权限的申诉记录进行进度查询。具体操作路径如下：

收入纳税明细申诉：首页点击"我要查询"—在申报信息查询栏位下点击"收入纳税明细查询"—选择纳税记录年度及所得类型，右上角可选择"批量申诉"，或选择相应月份后单独"申诉"。

任职受雇信息申诉：个人中心点击"任职受雇信息"—选择要申诉的单位—右上角点击"申诉"。

企业办税权限申诉：个人中心点击"企业办税权限"—选择要申诉的企业—右上角点击"申诉"。

需要注意的是，若你从未在某单位任职或取得任何报酬，而对某条收入记录有异议，你就可进行申诉处理。但是若你仅对扣缴单位的申报金额有异议，不存在"被任职、被收入、被授权"的情形，则不要点击"申诉"，然后及时联系扣缴单位核实扣缴申报信息。另外你只有被赋予了某企业的办税权限或管理权限，才可以看到"企业办税权限"功能菜单，当你解除授权并删除记录后，该功能菜单不再显示。

3. 纳税记录开具

纳税记录开具可以申请开具 2019 年 1 月及之后的纳税记录。具体操作路径如下：

纳税人在"证明开具"栏位下点击"纳税记录开具"后选择开具年月起止后可生成纳税记录。

4. 个人养老金扣除信息管理

个人养老金扣除信息管理，通过"扫码录入"扫描个人养老金缴费凭证上的二维码或"手动录入"录入凭证编码，完成信息确认后导入个人养老金扣除信息，纳税人可在个人所得税预扣预缴或者在汇算清缴阶段进行税前扣除。具体操作路径如下：

纳税人在"扣除填报"栏位下点击"个人养老金扣除信息管理"就可以进行办理了。

需要注意的是，纳税人如果无法获取缴费数据或数据不准确，可向开立资金账户的商业银行咨询有关情况。

5. 税务文书查询

税务文书查询可以查询税务机关送达的税务文书，并据此办理涉税事宜，行使权利、履行义务。具体操作路径如下：

首页点击"我要查询"—其他查询栏位下点击"税务文书查询"。

需要注意的是，电子送达税务文书的范围为税务机关税收征收管理中出具的各类文书，不包括税务处理决定书、税务行政处罚决定书（不含简易程序处罚）、税收保全措施决定书、税收强制执行决定书、阻止出境决定书以及税务稽查、税务行政复议过程中使用的税务文书。

6. 涉税专业服务机构查询

涉税专业服务机构查询可以查验涉税专业服务机构信用积分、机构人员数、当年服务户数、法定代表人、成立时间、注册地址等多项信息。具体操作路径如下：

首页点击"我要查询"—其他查询栏位下点击"涉税专业服务机构查询"。

7. 备案信息查询

备案信息查询可以查询已备案的天使投资个人所得税抵扣、非货币性资产投资分期缴纳、税收优惠等。具体操作路径如下：

首页点击"我要查询"—在"备案信息查询"栏位下可查到相关信息。

8. 票证查验

票证查验可以进行多种税种票证的真伪查验。具体操作路径如下：

首页点击"公众服务"—点击"票证查验"（可选择自动扫描和手动输入两种方式进行查验）。

（三）个体工商户减半征收个税政策

为贯彻落实党中央、国务院决策部署，进一步支持个体工商户发展，财政部和税务总局联合下发《财务部 税务总局关于进一步支持小微企业和个体工商户发展有关税费政策的公告》（财政部 税务总局公告 2023 年第 12 号，以下简称《财政部 税务总局公告 2023 年第 12 号》），将个体工商户减半征收个人所得税的年应纳税所得额范围，由不超过 100 万元提高为不超过 200 万元。

1. 个体工商户减半征收个人所得税政策的具体规定是什么？

为贯彻落实党中央、国务院决策部署，进一步支持个体工商户发展，财政部和税务总局联合下发《财政部 税务总局公告 2023 年第 12 号》，自 2023 年 1 月 1 日至 2027 年 12 月 31 日，对个体工商户年应纳税所得额不超过 200 万元的部分，减半征收个人所得税。个体工商户在享受现行其他个人所得税优惠政策的基础上，可叠加享受此项优惠政策。

2. 个体工商户减半征收个人所得税政策的优惠力度提高了吗？

为进一步支持个体工商户发展，国家提高了政策优惠力度。自 2023 年 1 月 1 日至 2027 年 12 月 31 日，将个体工商户减半征收个人所得税的年应纳税所得额范围，由不超过 100 万元提高为不超过 200 万元。

3. 适用减半征收个人所得税政策的个体工商户范围是什么？

个体工商户不论是查账征收还是核定征收个人所得税，均可享受减半征税政策。

4. 个体工商户享受减半征收个人所得税政策是否需要办理备案？ ├──

个体工商户在预缴和汇算清缴个人所得税时均可享受减半征税政策，享受政策时无需进行备案，通过填写个人所得税纳税申报表和减免税事项报告表相关栏次，即可享受。

5. 个体工商户如何申报享受减半征收个人所得税政策？ ├──

对于通过电子税务局申报的个体工商户，税务机关将自动为其提供申报表和报告表中该项政策的预填服务。实行简易申报的定期定额个体工商户，税务机关按照减免后的应纳税额自动进行税款扣缴。

6. 取得多处经营所得的个体工商户如何享受优惠政策？ ├──

按照现行政策规定，纳税人从两处以上取得经营所得的，应当选择向其中一处经营管理所在地主管税务机关办理年度汇总申报。若个体工商户从两处以上取得经营所得，需在办理年度汇总纳税申报时，合并个体工商户经营所得年应纳税所得额，重新计算减免税额，多退少补。

7. 个体工商户减半征收个人所得税政策的减免税额如何计算？ ├──

减免税额=（经营所得应纳税所得额不超过200万元部分的应纳税额-其他政策减免税额×经营所得应纳税所得额不超过200万元部分÷经营所得应纳税所得额）×50%。

8. 个体工商户当年已就经营所得预缴税款的，还能享受优惠政策吗？ ├

为最大程度释放减税红利，个体工商户当年前几个月已将经营所得预缴税款的，也能享受税收优惠。具体办法是，按《财政部 税务总局公告2023年第12号》应减征的税款，在《财政部 税务总局公告2023年第12号》发布前已缴纳的，可申请退税；也可自动抵减以后月份的税款，当年抵减不完的在汇算清缴时办理退税；《财政部 税务总局公告2023年第12号》发布之日前已办理注销的，不再追溯享受。

（四）劳务报酬与工资薪金如何区别？

劳务报酬与工资薪金是群众经济生活中比较常见的个体收入来源，如何有效区分二者在个税收取工作中是非常重要的问题。本部分政策依据为《中华人民共和国个人所得税法》、《中华人民共和国个人所得税法实施条例》（中华人民共和国国务院令第707号）、《国家税务总局关于印发〈征收个人所得税若干问题的规定〉的通知》（国税发〔1994〕89号）、《国家税务总局关于个人所得税自行纳税申报有关问题的公告》（国家税务总局公告2018年第62号）、《财政部 国家税务总局关于企业支付学生实习报酬有关所得税政策问题的通知》（财税〔2006〕107号）、《国家税务总局关于办理2022年度个人所得税综合所得汇算清缴事项的公告》（国家税务总局公告2023年第3

号）、《国家税务总局关于发布〈个人所得税扣缴申报管理办法（试行）〉的公告》（国家税务总局公告 2018 年第 61 号）等。

1. 哪些收入属于劳务报酬？

根据《中华人民共和国个人所得税法实施条例》第六条的有关规定，劳务报酬所得，是指个人从事劳务取得的所得，包括从事设计、装潢、安装、制图、化验、测试、医疗、法律、会计、咨询、讲学、翻译、审稿、书画、雕刻、影视、录音、录像、演出、表演、广告、展览、技术服务、介绍服务、经纪服务、代办服务以及其他劳务取得的所得。

2. 劳务报酬与工资薪金的区别是什么？

根据《国家税务总局关于印发〈征收个人所得税若干问题的规定〉的通知》（国税发〔1994〕89 号）第十九条规定，工资、薪金所得是属于非独立个人劳务活动，即在机关、团体、学校、部队、企事业单位及其他组织中任职、受雇而得到的报酬；劳务报酬所得则是个人独立从事各种技艺、提供各项劳务取得的报酬。两者的主要区别在于，前者存在雇佣与被雇佣关系，后者则不存在这种关系。

3. 学生参加实习所得是否征收个人所得税？

根据《国家税务总局关于完善调整部分纳税人个人所得税预扣预缴方法的公告》（国家税务总局公告 2020 年第 13 号）规定：

正在接受全日制学历教育的学生因实习取得劳务报酬所得的，扣缴义务人预扣预缴个人所得税时，可按照《国家税务总局关于发布〈个人所得税扣缴申报管理办法（试行）〉的公告》（2018 年第 61 号）规定的累计预扣法计算并预扣预缴税款。根据个人所得税法及其实施条例有关规定，累计预扣法预扣预缴个人所得税的具体计算公式为

$$本期应预扣预缴税额 = （累计收入额 - 累计减除费用）× 预扣率 -$$
$$速算扣除数 - 累计减免税额 - 累计已预扣预缴税额$$

其中，累计减除费用按照 5000 元/月乘以纳税人在本单位开始实习月份起至本月的实习月份数计算。

上述公式中的预扣率、速算扣除数，按照 2018 年第 61 号公告所附的《个人所得税预扣率表一》执行。

如，学生小张 7 月份在某公司实习取得劳务报酬 3000 元。扣缴单位在为其预扣预缴劳务报酬所得个人所得税时，可采取累计预扣法预扣预缴税款。如采用该方法，那么小张 7 月份劳务报酬扣除 5000 元减除费用后则无需预缴税款，比预扣预缴方法完善调整前少预缴 440 元。如小张年内再无其他综合所得，也就无需办理年度汇算退税。

4. 居民个人的综合所得和劳务报酬所得分别是怎么计算的？

根据《中华人民共和国个人所得税法》第六条的有关规定，居民个人的综合所得，以每一纳税年度的收入额减除费用六万元以及专项扣除、专项附加扣除和依法确定的

其他扣除后的余额，为应纳税所得额。劳务报酬所得以收入减除百分之二十的费用后的余额为收入额。

5. 在办理 2022 年度个人所得税综合所得汇算清缴时，可享受的税前扣除有哪些？

下列在 2022 年发生的税前扣除，纳税人可在汇算期间填报或补充扣除：

（1）纳税人及其配偶、未成年子女符合条件的大病医疗支出；

（2）符合条件的 3 岁以下婴幼儿照护、子女教育、继续教育、住房贷款利息或住房租金、赡养老人等专项附加扣除，以及减除费用、专项扣除、依法确定的其他扣除；

（3）符合条件的公益慈善事业捐赠；

（4）符合条件的个人养老金扣除。

同时取得综合所得和经营所得的纳税人，可在综合所得或经营所得中申报减除费用 6 万元、专项扣除、专项附加扣除以及依法确定的其他扣除，但不得重复申报减除。

（五）新职工与实习生个税扣缴的区别

1. 新入职人员个税扣缴

根据《国家税务总局关于完善调整部分纳税人个人所得税预扣预缴方法的公告》（国家税务总局公告 2020 年第 13 号），对一个纳税年度内首次取得工资、薪金所得的居民个人，扣缴义务人在预扣预缴个人所得税时，可按照 5 000 元/月乘以纳税人当年截至本月月份数计算累计减除费用。

首次取得工资、薪金所得的居民个人，是指自纳税年度首月起至新入职时，未取得工资、薪金所得或者未按照累计预扣法预扣预缴过连续性劳务报酬所得个人所得税的居民个人。

举个例子，小张 2023 年 6 月从某大学毕业，同年 7 月进入 A 公司任职，公司在发放 7 月份工资、计算当期应预扣预缴的个人所得税时，可减除费用计算方法为：7 个月 ×5 000 元/月＝35 000 元。

具体操作流程如下：在个税扣缴端人员信息采集模块登记人员信息，选择任职受雇从业类型为"雇员"，并根据实际情况选择入职年度从业情形。办理扣缴申报时，累计减除费用系统会自动按照当年度的累计月份数计算。

2. 实习生个税扣缴

根据《国家税务总局关于发布〈个人所得税扣缴申报管理办法（试行）〉的公告》（国家税务总局公告 2018 年第 61 号）的规定，正在接受全日制学历教育的学生因实习取得劳务报酬所得的，扣缴义务人可采用累计预扣法预扣预缴个人所得税，计算公式如下：

$$本期应预扣预缴税额 = (累计预扣预缴应纳税所得额 \times 预扣率 - 速算扣除数) -$$
$$累计减免税额 - 累计已预扣预缴税额$$
$$累计预扣预缴应纳税所得额 = 累计收入 - 累计免税收入 - 累计减除费用 - 累计专项扣除 -$$
$$累计专项附加扣除 - 累计依法确定的其他扣除$$

其中：累计减除费用，按照 5 000 元/月乘以纳税人当年截至本月在本单位的任职受雇月份数计算。

举个例子，小王是一名大二的学生，7 月份放假后，立即找了一份与自己大学所学专业对口的工作岗位进行实习，7 月份取得劳务报酬 5 000 元。公司在为其预扣预缴劳务报酬所得个人所得税时，可采取累计预扣法预扣预缴税款。如采用该方法，那么小张 7 月份劳务报酬扣除 5 000 元减除费用后则无需预缴税款。

具体操作流程如下：在个税扣缴端人员信息采集模块登记人员信息，选择任职受雇从业类型为"实习学生（全日制学历教育）"。然后在办理扣缴申报时，所得项目选择"其他连续劳务报酬"，系统就会按照 5 000 元计算减除费用。

二、

企业所得税热点政策应用

（一）企业所得税法对股权转让收入如何确认？

根据《国家税务总局关于贯彻落实企业所得税法若干税收问题的通知》（国税函〔2010〕79号）第三条的规定，企业转让股权收入，应于转让协议生效、且完成股权变更手续时确认收入的实现。转让股权收入扣除为取得该股权所发生的成本后，为股权转让所得。企业在计算股权转让所得时，不得扣除被投资企业未分配利润等股东留存收益中按该项股权所可能分配的金额。

（二）享受减免企业所得税优惠的技术转让应符合什么条件？

根据《国家税务总局关于技术转让所得减免企业所得税有关问题的通知》（国税函〔2009〕212号）的规定，以及《中华人民共和国企业所得税法》第二十七条第（四）项的规定，享受减免企业所得税优惠的技术转让应符合以下条件：

（1）享受优惠的技术转让主体是企业所得税法规定的居民企业；

（2）技术转让属于财政部、国家税务总局规定的范围；

（3）境内技术转让经省级以上科技部门认定；

（4）向境外转让技术经省级以上商务部门认定；

（5）国务院税务主管部门规定的其他条件。

（三）企业所得税税前扣除误区

企业所得税税前扣除凭证种类多、源头广、情形多，是纳税人日常需要重点关注的风险事项之一。本部分梳理了税前扣除凭证的常见的三个误区，给出"正解"，防范企业涉税风险。

1. 误区一：只有发票才是合法的税前扣除凭证。 ├─────

正解：《国家税务总局关于发布〈企业所得税税前扣除凭证管理办法〉的公告》（国家税务总局公告 2018 年第 28 号）明确，企业发生支出，应取得税前扣除凭证，作为计算企业所得税应纳税所得额时扣除相关支出的依据。但企业的经营活动形式多样，实际发生的时候取得的税前扣除凭证各种各样，很多支出需要内部凭证和外部凭证联合佐证，才能证实其真实性，所以发票是主要的却不是唯一的税前扣除凭证。《企业所得税税前扣除凭证管理办法》明确了收款凭证、内部凭证、分割单等也可以作为税前扣除凭证。

2. 误区二：企业所得税税前扣除的证明资料只有税前扣除凭证。 ├─────

正解：企业所得税税前扣除的证明资料包括税前扣除凭证与税前扣除凭证相关的资料。二者是不同的两个概念。与税前扣除凭证相关的资料不属于税前扣除凭证，但属于企业生产经营活动中发生的能直接证明税前扣除凭证真实性的补充资料，而税前扣除凭证则是必备的证明资料。

企业在经营活动、经济往来中常常伴有合同协议、付款凭证等相关资料，在某些情形下，这些材料作为支出依据，如法院判决企业支付违约金而出具的裁判文书。以上资料不属于税前扣除凭证，但属于与企业经营活动直接相关且能够证明税前扣除凭证真实性的资料，企业也应按照法律、法规等相关规定，履行保管责任，以备包括税务机关在内的有关部门、机构或者人员核实。

3. 误区三：取得合法有效的税前扣除凭证就可以税前扣除。 ├─────

正解：纳税人取得发票等税前扣除凭证后，不可以直接认为该支出一定可以税前扣除。税前扣除凭证只是企业计算企业所得税应纳税所得额时扣除相关支出的证据，扣除的范围和标准应该符合《中华人民共和国企业所得税法》及其实施条例等相关规定。

具体来说，判断一项支出能否税前扣除，首先要看该项支出是否实际发生，与取得的收入是否有关，金额是否合理。如果支出还没有实际发生，哪怕已经取得了发票等凭证，也不可以税前扣除。其次要看该项支出是否符合政策规定的范围和标准。比如，企业发生的与生产经营有关的手续费及佣金支出，除委托个人代理外，以现金等非转账方式支付的不得在税前扣除。最后要看税前扣除凭证是否符合要求。

一项支出要符合税前扣除，需要同时满足以上三方面。该项支出不符合税前扣除条件，则无论有无合法凭证，都不能税前扣除。

（四）高新技术企业所得税优惠政策

近年来，我国企业科技创新主体地位进一步提升。为助力企业创新发展，税务部门落实细化各项税费支持政策。高新技术企业是科技创新的重要力量，其可享受哪些企业所得税优惠政策呢？本部分梳理了满足条件的高新技术企业可享受的优惠税率以及延长亏损结转年限的相关政策及其应用。

1. 高新技术企业认定条件

根据《科技部 财政部 国家税务总局关于修订印发〈高新技术企业认定管理办法〉的通知》（国科发火〔2016〕32号）：第十一条的规定，认定为高新技术企业须同时满足以下条件：

（1）企业申请认定时须注册成立一年以上。

（2）企业通过自主研发、受让、受赠、并购等方式，获得对其主要产品（服务）在技术上发挥核心支持作用的知识产权的所有权。

（3）对企业主要产品（服务）发挥核心支持作用的技术属于《国家重点支持的高新技术领域》规定的范围。

（4）企业从事研发和相关技术创新活动的科技人员占企业当年职工总数的比例不低于10%。

（5）企业近三个会计年度（实际经营期不满三年的按实际经营时间计算，下同）的研究开发费用总额占同期销售收入总额的比例符合如下要求：

①最近一年销售收入小于5 000万元（含）的企业，比例不低于5%；

②最近一年销售收入在5 000万元至2亿元（含）的企业，比例不低于4%；

③最近一年销售收入在2亿元以上的企业，比例不低于3%。

其中，企业在中国境内发生的研究开发费用总额占全部研究开发费用总额的比例不低于60%。

（6）近一年高新技术产品（服务）收入占企业同期总收入的比例不低于60%。

（7）企业创新能力评价应达到相应要求。

（8）企业申请认定前一年内未发生重大安全、重大质量事故或严重环境违法行为。

2. 高新技术企业企业所得税可享受什么样的税率优惠？

根据《中华人民共和国企业所得税法》第二十八条第二款的规定，国家需要重点扶持的高新技术企业，减按15%的税率征收企业所得税。

根据《财政部 国家税务总局关于高新技术企业境外所得适用税率及税收抵免问题的通知》（财税〔2011〕47号）第一条的规定，以境内、境外全部生产经营活动有关的研究开发费用总额、总收入、销售收入总额、高新技术产品（服务）收入等指标申请并经认定的高新技术企业，其来源于境外的所得可以享受高新技术企业所得税优惠政策，即对其来源于境外所得可以按照15%的优惠税率缴纳企业所得税，在计算境外抵免限额时，可按照 15% 的优惠税率计算境内外应纳税总额。

3. 高新技术企业的亏损结转年限是多久？

根据《财政部 税务总局关于延长高新技术企业和科技型中小企业亏损结转年限的通知》（财税〔2018〕76 号）第一条的规定，自 2018 年 1 月 1 日起，当年具备高新技术企业或科技型中小企业资格（以下统称资格）的企业，其具备资格年度之前 5 个年度发生的尚未弥补完的亏损，准予结转以后年度弥补，最长结转年限由 5 年延长至 10 年。

（五）高温津贴和防暑降温费的企业所得税处理

本部分政策依据为：《关于印发〈防暑降温措施管理办法〉的通知》（安监总安健〔2012〕89 号）、《中华人民共和国企业所得税法实施条例》（2007 年 11 月 28 日国务院第 197 次常务会议通过，2019 年 4 月 23 日中华人民共和国国务院第 714 号修订）、《国家税务总局关于企业工资薪金及职工福利费扣除问题的通知》（国税函〔2009〕3 号）等。

1. 企业发放的高温津贴和防暑降温费有什么区别？

高温津贴：劳动者从事高温作业的，依法享受岗位津贴。用人单位安排劳动者在 35℃以上高温天气从事室外露天作业以及不能采取有效措施将工作场所温度降低到 33℃以下的，应当向劳动者发放高温津贴，并纳入工资总额。高温津贴标准由省级人力资源社会保障行政部门会同有关部门制定，并根据社会经济发展状况适时调整。

防暑降温费：指企业为高温期所有职工以现金或实物形式发放用于防暑降温的福利，属于职工福利，不计入工资总额。

2. 企业支付的纳入工资总额的高温津贴能否在企业所得税前扣除？

根据《中华人民共和国企业所得税法实施条例》（2007 年 11 月 28 日国务院第 197 次常务会议通过，2019 年 4 月 23 日中华人民共和国国务院第 714 号修订）第三十四条的规定，企业发生的合理的工资、薪金支出，准予扣除。此处所称工资、薪金，是指企业每一纳税年度支付给在本企业任职或者受雇的员工的所有现金形式或者非现金形式的劳动报酬，包括基本工资、奖金、津贴、补贴、年终加薪、加班工资，以及与员工任职或者受雇有关的其他支出。

因此，企业按照规定标准向劳动者发放纳入工资总额计算的高温补贴可以直接在企业所得税税前扣除。

3. 企业支付的具有福利性质的职工防暑降温费能否在企业所得税前扣除？

根据《中华人民共和国企业所得税法实施条例》（2007 年 11 月 28 日国务院第 197

次常务会议通过，2019 年 4 月 23 日中华人民共和国国务院第 714 号修订）第四十条的规定，企业发生的职工福利费支出，不超过工资、薪金总额 14%的部分，准予扣除。

因此，企业为职工支付的具有福利性质的职工防暑降温费不能直接在企业所得税税前扣除，应当按照职工福利费扣除限额标准在税前列支扣除，即企业发生的职工福利费支出，不超过工资、薪金总额 14%的部分，准予扣除。

三、

税收优惠抵减热点政策应用

（一）研发费用加计扣除政策

近年来，研发费用加计扣除政策持续优化完善，呈现出年年加力、层层递进的特点，对支持企业加大研发投入、鼓励科技创新起到重要作用。

1. 研发项目的流程管理

研发项目是以研发任务为中心，以研发团队为基本活动单位，在相应研发条件的保障之下，开展的研发活动。企业应对研发项目从立项、实施到结题建立全流程的管理制度，以便更好地适用研发费用加计扣除政策。

首先是研发项目的立项。企业研发项目立项需要有企业决议文件与项目计划书。项目计划书需回答以下问题：为什么做？做什么？怎样做？做的条件？做后取得的成果和达到的水平？有什么创新点？

其次是研发项目的实施。为保证研发项目得以有效实施，并便于享受研发费用加计扣除政策，企业应建立规范的研发项目实施管理制度。例如，企业可以根据实际情况采取研发项目归口管理制度、项目责任人负责制度、研发费用全流程记录制度、研发进度记录制度及项目调整制度等管理制度。

再次是研发项目的结题。研发项目结束后，项目组应形成结题报告。报告包括项目进展情况、知识产权成果、研发成果先进性关键技术突破点、失败原因分析、技术测试报告等内容。另外，财务部门应形成系统的财务决算报告。

最后，要做好研发项目的资料管理工作。企业应建立研发项目资料全程规范化管理制度明确企业内部相关部门的资料管理职能。每个研发项目从立项、实施到结题形成的各类文件、资料等，由相关部门归档管理，从而为享受研发费用加计扣除政策提供资料支撑。

2. 新旧政策对比

2023 年 6 月，国家税务总局、财政部发布《国家税务总局 财政部关于优化预缴申报享受研发费用加计扣除政策有关事项的公告》（国家税务总局 财政部公告 2023 年第 11 号），作为研发费用加计扣除的最新政策，与旧政策（《国家税务总局关于企业预缴申报享受研发费用加计扣除优惠政策有关事项的公告》（国家税务总局公告 2022 年第 10 号）） 相比，存在以下几点不同。

一是享受时点不同。旧政策要求 10 月份为预缴申报期，而新政策规定 7 月份和 10 月份均为预缴申报期。

二是政策内容不同。旧政策要求：2022 年 1 月 1 日起，企业 10 月份预缴申报第 3 季度（按季预缴）或 9 月份（按月预缴）企业所得税时，可以自主选择就当年前三季度研发费用享受加计扣除优惠政策。而新政策规定：2023 年 1 月 1 日起，企业 7 月份预缴申报第 2 季度（按季预缴）或 6 月份（按月预缴）企业所得税时，能准确归集核算研发费用的，可以结合自身生产经营实际情况，自主选择就当年上半年研发费用享受加计扣除政策。对 7 月份预缴申报期未选择享受优惠的企业，在 10 月份预缴申报第 3 季度（按季预缴）或 9 月份（按月预缴）企业所得税时，能准确归集核算研发费用的，企业可结合自身生产经营实际情况，自主选择就当年前三季度研发费用享受加计扣除政策。

3. 政策重点

一是政策享受时点拓展。对 7 月份预缴申报期未选择享受优惠的企业，在 10 月份预缴申报或年度汇算清缴时能够准确归集核算研发费用的，企业可结合自身生产经营实际情况，自主选择在 10 月份预缴申报或年度汇算清缴时统一享受。

二是政策管理要求不变。新政策明确的企业预缴申报时享受研发费用加计扣除政策的管理要求，与旧政策的要求保持一致，没有变化，具体为：企业享受研发费用加计扣除优惠政策采取"真实发生、自行判别、申报享受、相关资料留存备查"的办理方式，由企业依据实际发生的研发费用支出，自行计算加计扣除金额，填报《中华人民共和国企业所得税月（季）度预缴纳税申报表（A 类）》享受税收优惠，并根据享受加计扣除优惠的研发费用情况（上半年或前三季度）填写《研发费用加计扣除优惠明细表》（A107012）。《研发费用加计扣除优惠明细表》（A107012）与规定的其他资料一并留存备查。

（二）旅客运输服务抵扣政策

1. 抵扣凭证

增值税一般纳税人购买国内旅客运输服务，是可以作为进项税额进行抵扣的。纳税人需要提供的相关凭证如下：增值税专用发票（含带有"增值税专用发票"字样全面数字化的电子发票）、增值税电子普通发票，注明旅客身份信息的航空运输电子客票行程单、铁路车票以及公路、水路等其他客票。

2. 关于航空旅客运输的进项税额如何计算

在《财政部 税务总局 海关总署关于深化增值税改革有关政策的公告》（2019 年第 39 号）第六条中有相关规定，纳税人购进国内旅客运输服务，其进项税额允许从销项税额中抵扣。其中，取得注明旅客身份信息的航空运输电子客票行程单的，按照下列公式计算进项税额：

$$航空旅客运输进项税额＝（票价+燃油附加费）÷（1+9\%）×9\%$$

3. 可抵扣项目

对于在航空运输电子客票行程单上列明的机票改签费，属于航空运输企业提供航空运输服务取得的全部价款和价外费用的范畴，也可以按照《财政部 税务总局 海关总署关于深化增值税改革有关政策的公告》（财政部 税务总局 海关总署公告 2019 年第 39 号）第六条的有关规定计算抵扣进项税。

航空代理公司收取的退票费，属于现代服务业的征税范围，应按照 6% 的税率计算缴纳增值税。公司因公务支付的退票费，属于可抵扣的进项税范围，其增值税专用发票上注明的税额，可以从销项税额中抵扣。

（三）增值税加计抵减政策

在深化增值税改革的过程中，不少生产、生活性服务业纳税人享受到了加计抵减政策带来的减税红利。到底什么是增值税加计抵减政策？加计抵减政策又有哪些具体优惠呢？

本部分政策依据为：《销售服务、无形资产、不动产注释》（财税〔2016〕36 号印发）、《财政部 税务总局 海关总署关于深化增值税改革有关政策的公告》（财政部 税务总局 海关总署公告 2019 年第 39 号）、《财政部 税务总局关于明确生活性服务业增值税加计抵减政策的公告》（财政部 税务总局公告 2019 年第 87 号）、《财政部 税务总局关于明确增值税小规模纳税人减免增值税等政策的公告》（财政部 税务总局公告 2023 年第 1 号）等。

1. 什么是增值税加计抵减政策

"加计抵减"是增值税改革出台的相关政策。其较早出现于《财政部 税务总局 海关总署关于深化增值税改革有关政策的公告》（财政部 税务总局 海关总署公告 2019 年第 39 号）中，指在规定的时间范围内，允许特定行业的纳税人按照当期可抵扣进项税额的一定比率进行加计，抵减应纳税额。

2. 加计抵减相关政策的具体优惠内容

生产性服务业纳税人：

自 2023 年 1 月 1 日至 2023 年 12 月 31 日，允许生产性服务业纳税人按照当期可抵扣进项税额加计 5% 抵减应纳税额。

生活性服务业纳税人：

自 2023 年 1 月 1 日至 2023 年 12 月 31 日，允许生活性服务业纳税人按照当期可抵扣进项税额加计 10% 抵减应纳税额。

3. 政策中所称的生产性、生活性服务业纳税人是指哪些纳税人？

生产性服务业纳税人，是指提供邮政服务、电信服务、现代服务、生活服务（以下称四项服务）取得的销售额占全部销售额的比重超过 50% 的纳税人。

生活性服务业纳税人，是指提供生活服务取得的销售额占全部销售额的比重超过 50% 的纳税人。

四项服务的具体范围按照《财政部 税务总局 海关部署关于深化增值税改革有关政策的公告》（财政部 税务总局 海关部署公告 2019 年第 39 号）、《财政部 税务总局关于明确生活性服务业增值税加计抵减政策的公告》（财政部 税务总局 2019 年第 87 号）执行。

4. 纳税人如果适用加计抵减政策，需要提交什么资料？

纳税人适用加计抵减政策，需在年度首次确认适用时，通过电子税务局或办税服务厅提交一份适用加计抵减政策的声明。

（四）广告费和业务宣传费支出税前扣除

本部分政策依据为《国家税务总局关于企业所得税执行中若干税务处理问题的通知》（国税函〔2009〕202 号）、《中华人民共和国企业所得税法实施条例》、《财政部 税务总局关于广告费和业务宣传费支出税前扣除有关事项的公告》（财政部 税务总局公告 2020 年第 43 号）、《国家税务总局关于企业所得税应纳税所得额若干税务处理问题的公告》（国家税务总局公告 2012 年第 15 号）等。

1. 扣除标准

对一般行业而言，企业发生的符合条件的广告费和业务宣传费支出，除国务院财政、税务主管部门另有规定外，不超过当年销售（营业）收入 15% 的部分，准予扣除；超过部分，准予在以后纳税年度结转扣除。

对化妆品制造或销售、医药制造和饮料制造（不含酒类制造）企业而言，不超过当年销售（营业）收入 30% 的部分，准予扣除；超过部分，准予在以后纳税年度结转扣除。

对烟草企业而言，烟草企业的烟草广告费和业务宣传费支出，一律不得在计算应纳税所得额时扣除。

2. 扣除限额的计算基础

广告费和业务宣传费的年度扣除限额的计算基础是企业当年的销售（营业）收入。

销售（营业）收入=主营业务收入+其他业务收入+视同销售收入

注意：当年销售（营业）收入，还应包括企业发生非货币性资产交换，以及将货物、财产、劳务用于捐赠、偿债、赞助、集资、广告、样品、职工福利或者利润分配等用途的视同销售（营业）收入额。

3. 特殊情况规定

一是关联企业扣除规定。对签订广告费和业务宣传费分摊协议（以下简称分摊协议）的关联企业，其中一方发生的不超过当年销售（营业）收入税前扣除限额比例内的广告费和业务宣传费支出可以在本企业扣除，也可以将其中的部分或全部按照分摊协议归集至另一方扣除。另一方在计算本企业广告费和业务宣传费支出企业所得税税前扣除限额时，可将按照上述办法归集至本企业的广告费和业务宣传费不计算在内。

二是筹办期扣除规定。企业在筹建期间，发生的广告费和业务宣传费，可按实际发生额计入企业筹办费，并按有关规定在税前扣除。

（五）税前扣除凭证

1. 什么是税前扣除凭证？

税前扣除凭证是指企业在计算企业所得税应纳税所得额时，证明与取得收入有关的、合理的支出实际发生，并据以税前扣除的各类凭证。

2. 税前扣除凭证在管理中遵循哪些原则？

税前扣除凭证在管理中遵循真实性、合法性、关联性原则。

真实性，指税前扣除凭证反映的经济业务真实，且支出已经实际发生；

合法性，指税前扣除凭证的形式、来源符合国家法律、法规等相关规定；

关联性，指税前扣除凭证与其反映的支出相关联且有证明力。

3. 何时取得税前扣除凭证？

企业应在当年度企业所得税法规定的汇算清缴期结束前取得税前扣除凭证。

4. 税前扣除凭证按照来源分为哪几类？

税前扣除凭证按照来源分为内部凭证和外部凭证。

内部凭证，指企业自制用于成本、费用、损失和其他支出核算的会计原始凭证，如工资表、入库单、报销单等。内部凭证的填制和使用应当符合国家会计法律、法规等相关规定。

外部凭证，指企业发生经营活动和其他事项时从其他单位、个人取得的用于证明其支出发生的凭证，包括但不限于发票（包括纸质发票和电子发票）、财政票据、完税凭证、收款凭证、分割单等。

5. 哪些项目不得作为税前扣除凭证？

第一种：不合规发票。企业取得的私自印制、伪造、变造、作废、开票方非法取得、虚开、填写不规范等不符合规定的发票

第二种：不合规其他外部凭证。企业取得的不符合国家法律、法规等相关规定的其他外部凭证。

6. 不同支出项目应取得的税前扣除凭证有哪些？

第一种：增值税应税项目。对方为已办理税务登记的增值税纳税人，其支出以发票（包括按照规定由税务机关代开的发票作为税前扣除凭证，对方为依法无需办理税务登记的单立或有从事小额零星支出的个人，其支出以税务机关代开的发票或者收款凭证及内部凭证）作为税前扣除凭证，收款凭证应载明收款单位名称、个人姓名及身份证号、支出项目、收款金额等相关信息。

第二种：非增值税应税项目。对方为单位的，以对方开具的发票以外的其他外部凭证作为税前扣除凭证；对方为个人的，以内部凭证作为税前扣除凭证。（注意：企业在境内发生的支出项目虽不属于应税项目，但按税务总局规定可以开具发票的可以发票作为税前扣除凭证。）

第三种：境外购进货物或劳务支出。以对方开具的发票或者具有发票性质的收款凭证、相关税费缴纳凭证作为税前扣除凭证。

四、

其他税收热点政策应用

（一）新能源汽车车辆购置税减免政策

1. 延续和优化新能源汽车车辆购置税减免政策的背景和意义 ├─────

新能源汽车融汇了新能源、新材料和互联网、大数据、人工智能等多种变革性技术，推动了汽车从单纯交通工具向移动智能终端、储能单元和数字空间转变，并带动能源、交通、信息通信基础设施改造升级。发展新能源汽车是我国从汽车大国迈向汽车强国的必由之路，是应对气候变化、推动绿色发展的战略举措，也是扩大内需、促进经济持续增长的重要引擎。

近年来，我国新能源汽车进入快车道，自 2015 年，产销量已经连续八年增长，位居全球前列。但也要看到，我国新能源汽车行业目前仍处在政策驱动向市场驱动转轨过程中，关键核心技术和零部件仍存在一些短板，上游资源保障能力较弱，基础设施支撑不足，抗风险能力还不够强，产业发展面临的竞争环境压力大。

为了巩固并保持我国新能源汽车产业的竞争优势，加快从汽车大国迈向汽车强国，按照国务院常务会议有关决定，财政部、国家税务总局、工业和信息化部制发了《关于延续和优化新能源汽车车辆购置税减免政策的公告》（2023 年 10 号公告，以下简称《公告》）。其主要目的是进一步发挥税收政策激励作用，引导有关方面抢抓发展机遇，推动技术创新和产品创新，不断提升产业核心竞争力，扩大新能源汽车消费，助力新能源汽车产业高质量发展。

2. 延续和优化新能源汽车车辆购置税减免政策的主要内容 ├─────

《公告》的主要内容包括四个方面：

一是对购置日期在 2024 年 1 月 1 日至 2025 年 12 月 31 日期间的新能源汽车免征车辆购置税，其中，每辆新能源乘用车免税额不超过 3 万元；对购置日期在 2026 年 1 月

1 日至 2027 年 12 月 31 日期间的新能源汽车减半征收车辆购置税，其中，每辆新能源乘用车减税额不超过 1.5 万元。

二是对销售"换电模式"新能源汽车的车辆购置税计税价格进行明确。即动力电池与不含动力电池的新能源汽车分别核算销售额并分别开具发票的，依据购置不含动力电池的新能源汽车取得的机动车销售统一发票载明的不含税价作为车辆购置税计税价格。

三是为加强和规范管理。工业和信息化部、税务总局通过发布《减免车辆购置税的新能源汽车车型目录》（以下简称《目录》）对享受减免车辆购置税的新能源汽车车型实施管理；要求车企在汽车出厂环节对已列入《目录》的新能源汽车和符合条件的"换电模式"新能源汽车标注标识。税务机关依据工业和信息化部校验后的标识和发票等有效凭证，办理车辆购置税减免税手续。

四是对因提供虚假信息或资料造成车辆购置税税款流失情形的处理作出明确规定。

3. 将采取哪些措施来确保新能源汽车车辆购置税减免政策落实到位？

这次延续和优化新能源汽车车辆购置税减免政策涉及多方面政策调整，包括对新能源乘用车设定减税限额、调整新能源汽车技术要求、重新发布享受减免税车型目录等。税务机关前期需要做的准备很多，其将重点从以下几方面开展工作：

一是与相关部门密切配合，共同做好政策转换工作，保证市场平稳过渡。

二是加强政策宣传，密切关注和跟踪了解政策出台后社会各界反映的问题和意见建议，及时回应社会关注点。

三是切实提升纳税服务水平，确保减免税政策落实、落地、落细。

四是发挥跨部门数据共享的优势，不断丰富和拓展跨部门协作基础，及时准确传递信息，切实提高车辆购置税征管质效，充分发挥好税收政策的激励和引导作用，更好地服务新能源汽车产业高质量发展。

4.《公告》实施后，购车人和汽车企业在操作上有什么变化？

在车辆销售环节，购车人申报享受车辆购置税时沿用此前方式，基本没有变化。

在车辆生产环节，对已列入《目录》的新能源汽车，新能源汽车生产企业或进口新能源汽车经销商在上传"机动车整车出厂合格证"和进口机动车《车辆电子信息单》时，在"是否符合减免车辆购置税条件"字段标注"是"；此外，对已列入《目录》、符合规定的"换电模式"新能源汽车，还应在"是否为'换电模式'新能源汽车"字段标注"是"。

5. "换电模式"新能源汽车如何确定车辆购置税计税价格？

为配合新能源汽车"换电模式"创新发展，从引导和规范的角度，允许符合相关技术标准和要求的"换电模式"新能源汽车，以不含动力电池的新能源汽车作为车辆购置税征税对象。为准确区分不含动力电池的新能源汽车车辆购置税计税价格，《公告》要求销售方销售时应分别核算不含动力电池的新能源汽车销售额并与动力电池分别开具发票。符合以上要求的，依据购车人购置不含动力电池的新能源汽车时取得的机动车销售统一发票载明的不含税价作为车辆购置税计税价格。

6.《公告》针对新能源乘用车设定了减免税限额，具体怎么计算？

《公告》规定对 2024—2025 年购置的新能源汽车免征车辆购置税，同时每辆新能源乘用车免税额不超过 3 万元。举例来说，李某在 2024 年 2 月 5 日，购买一辆符合《公告》要求减免税标准的新能源乘用车，以销售价格 30 万元（不含增值税，下同）的新能源乘用车为例，车辆购置税税率为 10%，应纳税额为 3 万元（30×10%），按免税政策免税额为 3 万元，未超过 3 万元的免税限额，李某无需缴纳车辆购置税；以销售价格 50 万元的新能源乘用车为例，应纳税额为 5 万元（50×10%），按免税政策免税额为 5 万元，超过免税限额 2 万元，李某可享受 3 万元的免税额，需要缴纳车辆购置税 2 万元。

《公告》规定对 2026—2027 年购置的新能源汽车减半征收车辆购置税，同时每辆新能源乘用车减税额不超过 1.5 万元。举例来说，张某在 2026 年 3 月 1 日，购买一辆符合《公告》要求减免税标准的新能源乘用车，以销售价格 30 万元的新能源乘用车为例，车辆购置税税率为 10%，应纳税额为 3 万元（30×10%），按减半征收政策减税额为 1.5 万元（3×50%），因未超过 1.5 万元的减税限额，按政策规定，张某可享受 1.5 万元的减税额，需缴纳车辆购置税 1.5 万元；以销售价格 50 万元的新能源乘用车为例，应纳税额为 5 万元（50×10%），按减半征收政策减税额为 2.5 万元（5×50%），因超过 1.5 万元的减税限额，按政策规定，张某可享受 1.5 万元的减税额，需缴纳车辆购置税 1 万元。

（二）物流企业大宗商品仓储设施用地城镇土地使用税政策

（1）《财政部 税务总局关于继续实施物流企业大宗商品仓储设施用地城镇土地使用税优惠政策的公告》（2023 年第 5 号，以下简称《5 号公告》）实施后，物流企业大宗商品仓储设施用地城镇土地使用税政策有变化吗？

为支持物流业健康发展，财政部、税务总局制发了《5 号公告》，明确自 2023 年 1 月 1 日至 2027 年 12 月 31 日，对物流企业自有（包括自用和出租）或承租的大宗商品仓储设施用地，减按所属土地等级适用税额标准的 50% 计征城镇土地使用税。

《5 号公告》是对 2022 年底到期的《财政部 税务总局关于继续实施物流企业大宗商品仓储设施用地城镇土地使用税优惠政策的公告》（2020 年第 16 号）的延续，政策内容也与此前保持一致。符合条件的纳税人可继续享受优惠。

（2）单位将自有土地出租给物流企业，用于大宗商品仓储，可以享受税收优惠政策吗？

根据《5 号公告》，享受物流企业大宗商品仓储设施用地城镇土地使用税优惠政策的主体，既包括自用或出租大宗商品仓储设施用地的物流企业，也包括将大宗商品仓储设施用地出租给物流企业的单位或个人。

单位将自有土地出租给物流企业用于大宗商品仓储，如果占地面积、储存物资等条件符合《5号公告》的规定，可以享受税收优惠。

（3）单位从事运输业务的企业，营业执照上的经营范围包括"道路货物运输"，可以享受税收优惠政策吗？

《5号公告》所称物流企业，应同时符合三个条件：一是在经营范围方面，至少从事仓储或者运输中的一种经营业务，为工农业生产、流通、进出口和居民生活提供仓储、配送等第三方物流服务；二是在责任能力方面，实行独立核算、独立承担民事责任；三是在注册登记方面，在工商部门注册登记为物流、仓储或运输的专业物流企业。

单位符合上述物流企业的条件，如果占地面积、储存物资等条件符合《5号公告》的规定，可以享受税收优惠。

（4）单位是仓储企业，自有仓储设施占地8 000平方米，用于存放玉米种子，可以享受税收优惠政策吗？

5号公告所称大宗商品仓储设施用地，应同时符合两个条件：一是同一仓储设施占地面积应在6 000平方米及以上；二是主要用于存储粮食、棉花、油料、糖料、蔬菜、水果、肉类、水产品、化肥、农药、种子、饲料等农产品和农业生产资料，煤炭、焦炭、矿砂、非金属矿产品、原油、成品油、化工原料、木材、橡胶、纸浆及纸制品、钢材、水泥、有色金属、建材、塑料、纺织原料等矿产品和工业原材料。

单位仓储设施用地的面积、储存物资等条件符合《5号公告》的规定，可以享受优惠。

（5）单位是专业物流企业，利用自有土地在城南和城北各建有一处仓储设施，主要用于储存钢材、水泥等工业原材料，城北的仓储设施占地3 000平方米，城南的仓储设施占地7 000平方米，可以享受税收优惠吗？

根据《5号公告》，同一仓储设施占地面积在6 000平方米及以上的，才能享受优惠。

单位的仓储设施分散在两地，应当分开判断是否符合优惠条件。位于城北的仓储设施占地3 000平方米，未达到《5号公告》规定的面积标准，无法适用该政策；位于城南的仓储设施占地7 000平方米，符合《5号公告》规定，可以享受优惠。

（6）单位是专业物流企业，占地9 000平方米，自有仓储设施主要用于储存蔬菜、水果等农产品，其中，仓房占地6 500平方米，道路、装卸搬运区域占地1 500平方米，办公、生活区用地1 000平方米。该单位可以享受优惠的面积有多少？

根据《5号公告》，仓储设施用地，包括仓库库区内的各类仓房（含配送中心）、油罐（池）、货场、晒场（堆场）、罩棚等储存设施和铁路专用线、码头、道路、装卸搬运区域等物流作业配套设施的用地。物流企业的办公、生活区用地及其他非直接用于大宗商品仓储的土地，不属于公告规定的减税范围，应按规定征收城镇土地使用税。

公司仓房6 500平方米用地，以及道路、装卸搬运区域1 500平方米用地，属于政策规定的大宗商品仓储设施用地，可以享受税收优惠；办公、生活区用地1 000平方米，不属于政策规定的优惠范围，应按规定缴纳城镇土地使用税。

（7）公司是增值税小规模纳税人，享受物流企业大宗商品仓储设施用地减征城镇土地使用税优惠的同时，是否可以叠加享受"六税两费"优惠？

根据《财政部 税务总局关于进一步实施小微企业"六税两费"减免政策的公告》（2022年第10号）的规定，2022年1月1日至2024年12月31日，省、直辖市、自治区人民政府可以根据本地区实际情况以及宏观调控需要，对增值税小规模纳税人、小型微利企业和个体工商户在50%的税额幅度内减征房产税、城镇土地使用税等"六税两费"。纳税人享受其他优惠政策的，可叠加享受"六税两费"优惠政策。

公司在享受物流企业大宗商品仓储设施用地减半征收城镇土地使用税优惠的基础上，可以叠加享受"六税两费"优惠。

8. 公司符合物流企业大宗商品仓储设施用地减征城镇土地使用税的优惠条件，仓储设施占地面积8 000平方米，所在地城镇土地使用税税额标准为每平米5元人民币。2023年公司就仓储设施用地应当缴纳多少城镇土地使用税？

根据《5号公告》，符合优惠条件的物流企业大宗商品仓储设施用地，减按所属土地等级适用税额标准的50%计征城镇土地使用税。

公司就仓储设施用地2023年应纳城镇土地使用税额＝仓储设施用地面积×城镇土地使用税税额标准×（1-50%）＝8 000×5×（1-50%）＝20 000（元）。

（9）公司符合物流企业大宗商品仓储设施用地减征城镇土地使用税的优惠条件，但是在《5号公告》发布前，已经全额申报缴纳了2023年1月、2月的城镇土地使用税，可以退还已缴纳税款吗？

《5号公告》规定，物流企业大宗商品仓储设施用地城镇土地使用税优惠政策自2023年1月1日起继续实施，纳税人在本公告印发之日前已缴纳的应予减征的税款，在以后应缴税款中抵减或者予以退还。

因此，公司在本公告印发前多缴的税款，可在以后应缴税款中抵减或者向税务机关申请予以退还。

（10）公司符合物流企业大宗商品仓储设施用地减征城镇土地使用税的优惠条件，应如何办理减免税申报？需要提供什么证明资料？

《5号公告》明确，纳税人享受物流企业大宗商品仓储设施用地城镇土地使用税优惠，应按规定进行减免税申报，并将不动产权属证明、土地用途证明、租赁协议等资料留存备查。

公司可在本地规定的城镇土地使用税纳税期限内，通过电子税务局、办税服务厅等渠道进行减免税申报，但需根据《5号公告》的规定，将相关资料留存备查。

（三）高校毕业生创业税费扣减政策

高校毕业生等青年就业关系民生福祉、经济发展和国家未来。近年来，围绕支持高校毕业生等青年就业创业，党中央、国务院部署实施了一系列税费优惠政策。税务总局对现行支持高校毕业生等青年就业创业的主要税费优惠政策进行了梳理，形成了支持高校毕业生等青年就业创业税费优惠的政策指引，便利高校毕业生等青年和广大经营主体及时了解适用税费优惠政策。

本部分的政策依据为《财政部 税务总局 人力资源社会保障部 国务院扶贫办关于

进一步支持和促进重点群体创业就业有关税收政策的通知》（财税〔2019〕22 号）、《国家税务总局 人力资源社会保障部 国务院扶贫办教育部关于实施支持和促进重点群体创业就业有关税收政策具体操作问题的公告》（国家税务总局公告 2019 年第 10 号）、《财政部 税务总局 人力资源社会保障部 国家乡村振兴局关于延长部分扶贫税收优惠政策执行期限的公告》（财政部 税务总局 人力资源社会保障部 国家乡村振兴局公告 2021 年第 18 号）、《财政部 税务总局关于继续执行的城市维护建设税 优惠政策的公告》（财政部 税务总局公告 2021 年第 27 号）等。

1. 享受主体

享受主体是持《就业创业证》（注明"自主创业税收政策"或"毕业年度内自主创业税收政策"）的毕业年度内高校毕业生。高校毕业生是指实施高等学历教育的普通高等学校、成人高等学校应届毕业的学生；毕业年度是指毕业所在自然年，即 1 月 1 日至 12 月 31 日。

2. 优惠内容

2019 年 1 月 1 日至 2025 年 12 月 31 日，持《就业创业证》（注明"自主创业税收政策"或"毕业年度内自主创业税收政策"）的毕业年度内高校毕业生从事个体经营的，自办理个体工商户登记当月起，在 3 年（36 个月，下同）内按每户每年 12 000 元为限额依次扣减其当年实际应缴纳的增值税、城市维护建设税、教育费附加、地方教育附加和个人所得税。限额标准最高可上浮 20%，各省、直辖市、自治区人民政府可根据本地区实际情况在此幅度内确定具体限额标准。

3. 享受条件

一是纳税人实际应缴纳的增值税、城市维护建设税、教育费附加、地方教育附加和个人所得税小于减免税限额的，以实际应缴纳的增值税、城市维护建设税、教育费附加、地方教育附加和个人所得税税额为限；实际应缴纳的增值税、城市维护建设税、教育费附加、地方教育附加和个人所得税大于减免税限额的，以减免税限额为限。

二是城市维护建设税、教育费附加、地方教育附加的计税依据是享受本项税收优惠政策前的增值税应纳税额。

三是纳税人的实际经营期不足 1 年的，应当以实际月数换算其减免税限额。换算公式为：减免税限额＝年度减免税限额÷12×实际经营月数。

4. 办理方式

首先，毕业年度内高校毕业生在校期间凭学生证向公共就业服务机构申领《就业创业证》，或委托所在高校就业指导中心向公共就业服务机构代为申领《就业创业证》；毕业年度内高校毕业生离校后可凭毕业证直接向公共就业服务机构按规定申领《就业创业证》。

其次，毕业年度内高校毕业生，可持《就业创业证》、个体工商户登记执照（未完成"两证整合"的还须持《税务登记证》）向创业地县以上（含县级，下同）人力资源社会保障部门提出申请。县以上人力资源社会保障部门应当按照《财政部 税务总局 人力资源社会保障部 国务院扶贫办关于进一步支持和促进重点群体创业就业有关税收政策的通知》（财税〔2019〕22 号）文件的规定，核实其是否享受过重点群体创业就业税收优惠政策。对符合《财政部 税务总局 人力资源社会保障部 国务院扶贫办关于进一步支持和促进重点群体创业就业有关税收政策的通知》（财税〔2019〕22 号）规定条件的人员在《就业创业证》上注明"自主创业税收政策"或"毕业年度内自主创业税收政策"。

最后，纳税人在申报纳税时，通过填写纳税申报表相关栏次，选择减免税性质代码及名称，享受本项税收优惠。毕业年度内高校毕业生留存《就业创业证》（注明"自主创业税收政策"或"毕业年度内自主创业税收政策"）备查。

参考文献

【1】张水华，查明辉. 去公有工业化：土地财政形成的原因：基于马列主义、毛泽东思想视角的分析 [J]. 管理学刊，2015，28（1）：32-42.

【2】陈丹，郑斯文. 区域经济复杂度与流通创新的关系实证检验 [J]. 商业经济研究，2023，（9）：35-38.

【3】理查德 A·马斯格雷夫. 财政理论与实践 [M]. 北京：中国财政经济出版社，2003.

【4】爱伦·鲁宾. 公共预算中的政治：收入与支出，借贷与平衡 [M]. 北京：中国人民大学出版社，2001.

【5】郭维真. 中国财政支出制度的法学解析 [M]. 北京：法律出版社，2012.

【6】杨大春. 中国近代财税法学史研究 [M]. 北京：北京大学出版社，2010.

【7】刘剑文. 财税法学 [M]. 北京：高等教育出版社，2004.

【8】张晋武. 财政学的政治观：历史回溯与现实反思 [J]. 财政研究，2015（09）：75-85.

【9】何振一. 关于"社会共同需要论"的研究及其发展 [J]. 中央财经大学学报，2012（01）：5-7.

【10】李永刚. 最优商品税理论与我国商品税设计实践 [J]. 税务研究. 2009（11）：53-56.

【11】杨斌. 税收学 [M]. 北京：科学出版社，2003.

【12】加雷斯·D·迈尔斯. 公共经济学 [M]. 北京：中国人民大学出版社，2001.

【13】詹姆斯·莫里斯. 福利、政府激励与税收 [M]. 北京：中国人民大学出版社，2013.

【14】古祎琳. 莫里斯.《最优所得税理论探究》评析 [J]. 企业科技与发展. 2018（5）：217-219.

【15】高芳. 西方经济学公债理论综述 [J]. 平原大学学报. 2006（4）：22-24.

【16】龚锋；陶鹏. 财政转移支付与地方税收竞争：来自中国县级层面的证据 [J]. 经济评论. 2022（3）：39-55.

【17】马海涛；任致伟. 财政分权理论回顾与展望 [J]. 财政监督. 2017 (24)：31－37.

【18】刘刚. 财政分权理论文献综述 [J]. 财政经济评论. 2013 (2)：38-50.

【19】赵磊. 基于财政联邦主义的中国财政分权实证研究 [J]. 产业与科技论坛. 2014, 13 (15)：105-106.

【20】缪小林, 张蓉. 从分配迈向治理：均衡性转移支付与基本公共服务均等化感知 [J]. 管理世界. 2022, 38 (2)：9-14, 129-149.

【21】马海涛, 姚东旻, 孟晓雨. 党的十八大以来我国财税改革的重大成就、理论经验与未来展望 [J]. 管理世界. 2022, 38 (10)：25-44.

【22】何振一. 理论财政学 [M]. 北京：中国财政经济出版社. 1987.

【23】谷成, 张家楠. 基于现代国家治理的税收理论体系创新研究 [J]. 税务研究, 2022 (10)：136-140.

【24】谢波峰. 税收现代化服务中国式现代化：基于国家治理视角的认识 [J]. 国际税收, 2023 (4)：47-53.

【25】邓力平. 税收现代化服务中国式现代化的内涵思考与实践途径 [J]. 税务研究, 2023 (4)：5-14.

【26】许光烈. 中国式现代化背景下税收现代化的若干问题 [J]. 税务研究, 2023 (2)：31-36.

【27】贾康. 国家治理现代化与财政现代化取向下的财政全域国家治理 [J]. 经济研究参考, 2023 (5)：5-16.

【28】吕冰洋. 央地关系：寓活力于秩序 [M]. 北京：商务印书馆, 2022.

【29】陈慧. 关于行政事业单位部门预算编制的思考 [J]. 纳税, 2021, 15 (30)：166-168.

【30】王光坤. 全面推进部门预算管理一体化改革 [J]. 预算管理与会计, 2021 (11)：15-21.

【31】于安. 我国政府采购制度改革的新走向 [J]. 中国政府采购, 2023 (10)：26-30.

【32】寇丽梅, 曹国强. 关于完善我国政府采购制度体系的几点思考 [J]. 中国政府采购, 2021 (4)：79-80.

【33】宋军, 鄢君霞. 对政府采购改革中几个关键问题的思考 [J]. 中国政府采购, 2022 (11)：50-53.

【34】金彤. 中国特色现代政府采购制度的构建 [J]. 科学发展, 2022 (7)：30-38.

【35】张永红. 国库集中支付制度改革探讨 [J]. 行政事业资产与财务, 2023 (16)：31-33.

【36】缪天萃. 完善我国行政事业单位国库集中支付制度的思考 [J]. 营销界, 2021 (26)：177-178.

【37】杨思敏. 关于深化国库集中支付制度改革的研究 [J]. 纳税, 2021, 15 (2)：169-170.

【38】董磊，王昆. 财政国库集中支付过程中存在的问题及对策 ［J］. 财会学习，2021（1）：127-128.

【39】徐红艳. 转移支付制度的完善分析及思考研究 ［J］. 财经界，2022（5）：11-13.

【40】马海涛. 改革完善转移支付制度的对策建议 ［J］. 审计观察，2022（1）：4-9.

【41】刘艺. 我国财政转移支付制度问题研究 ［J］. 行政事业资产与财务，2021（13）：41-42.

【42】欧阳剑环. 多项税收优惠政策调整优化 ［N］. 中国证券报，2023-08-03（1）.

【43】刘和祥. "以数治税" 税收征管模式的基本特征，基础逻辑与实现路径 ［J］. 税务研究，2022（10）：69-75.

【44】高金平. "以数治税" 背景下加强税收风险管理的若干建议 ［J］. 税务研究，2021（10）：127-132.

【45】郑鸣，王秋婷，赵雅冰. 2023年武汉税务推出首批24条便民办税缴费措施 ［J］. 税收征纳，2023（2）：21-21.

【46】张博，赵沁憬，林建荣. 春风十载 便民办税更有感 ［J］. 中国税务，2023（4）：27-28.

【47】陈甫懿. RCEP下综合保税区跨境电商企业税收优惠政策思考 ［J］. 全国流通经济，2023（5）：49-52.

【48】国家税务总局河北省税务局课题组，韩建英，田彩云，等. 新经济形势下税收优惠政策调整策略刍议 ［J］. 税务研究，2023（8）：43-46.

【49】何丹. 我国金税工程发展探析 ［J］. 法制博览，2015（22）：199-200.

【50】陈勇. 浅谈税收大数据时代的 "金税三期" 工程 ［J］. 纳税，2018（5）：1.

【51】孙雪玲. "金税四期" 与大数据背景下税收风险防控研究 ［J］. 财经界，2023（5）：168-170.

【52】李聪. "金税四期" 背景下智慧税务的构建与实现 ［J］. 地方财政研究，2022（8）：64-72.

【53】党学锋. "金税四期+数电票" 背景下企业税务风险管理优化探讨 ［J］. 时代金融，2023（10）：18-20.

【54】刘文怡. 一本书读懂税务筹划合规与风险管控（金税四期适用版）税务 ［M］. 北京：人民邮电出版社，2023.

【55】梁毅. 基层财政部门预算管理一体化应用研究 ［J］. 财务与会计，2023（8）：65-67.

【56】马忠华，许航敏. 财政治理现代化视域下的财政转移支付制度优化 ［J］. 地方财政研究，2019（12）：36-42.

【57】亓霞，柯永建，王守清. 基于案例的中国PPP项目的主要风险因素分析 ［J］. 中国软科学，2009，（5）：107-113.

【58】柯永建，王守清，陈炳泉. 私营资本参与基础设施PPP项目的政府激励措施

［J］. 清华大学学报（自然科学版），2009，49（9）：1480-1483.

【59】邢会强. PPP 模式中的政府定位［J］. 法学，2015，（11）：17-23.

【60】时现. 公私合伙（PPP）模式下国家建设项目审计问题研究［J］. 审计与经济研究，2016，31（3）：3-9.

【61】万冬君，王要武，姚兵. 基础设施 PPP 融资模式及其在小城镇的应用研究［J］. 土木工程学报，2006，（6）：115-119.

【62】张喆，贾明，万迪昉. PPP 背景下控制权配置及其对合作效率影响的模型研究［J］. 管理工程学报，2009，23（3）：23-29+22.

【63】张喆，万迪昉，贾明. PPP 三层次定义及契约特征［J］. 软科学，2008，（1）：5-8.

【64】郭建华. 我国政府与社会资本合作模式（PPP）有关税收问题研究［J］. 财政研究，2016，（3）：77-90.

【65】朱向东，肖翔，征娜. 基于三方博弈模型的轨道交通 PPP 项目风险分担研究［J］. 河北工业大学学报，2013，42（2）：97-101.

【66】方俊，任素平，黄均田. PPP 项目全过程跟踪审计评价指标体系设计［J］. 审计研究，2017，（6）：14-21+98.

【67】郑联盛，白云凯，王波. 特别国债：中国实践、抗疫应用与制度优化［J］. 西部论坛，2020，30（6）：101-112.

【68】邓文硕. 抗疫特别国债发行的历史维度和国际视野考察［J］. 地方财政研究，2020，（9）：37-44.

【69】曾绍龙. 抗疫特别国债和地方政府专项债券发行现状、理论分析和影响［J］. 经济论坛，2021，（1）：107-118.

【70】陈新平，胡建平. 抗疫特别国债的功能定位与运用方式选择［J］. 开发性金融研究，2020，（2）：60-65.

【71】张通. 关于我国进行国库集中支付制度改革的思考［J］. 财政研究，2000，（5）：8-9，82.

【72】王淑梅. 关于改革我国预算会计核算基础问题的探讨［J］. 财政研究，2002，（7）：7-10.

【73】陈孝，张帅，朱位品. 国库集中支付监控体系的构建：核心框架、关键环节与保障措施［J］. 地方财政研究，2008，（7）：25-28.

【74】继珍. 关于我国国库集中支付制度改革的思考［J］. 财贸研究，2001，（6）：24-28.

【75】杨晓妍. 国库集中支付制度下对行政事业单位会计集中核算模式的思考［J］. 财会学习，2017，（11）：93-94.

【76】吴群，李永乐. 财政分权、地方政府竞争与土地财政［J］. 财贸经济，2010，（7）：51-59.

【77】邱栎桦，伏润民. 财政分权、政府竞争与地方政府债务：基于中国西部 D 省的县级面板数据分析［J］. 财贸研究，2015，26（3）：97-103.

【78】王文剑. 中国的财政分权与地方政府规模及其结构：基于经验的假说与解释

[J]. 世界经济文汇, 2010, (5): 105-119.

【79】刘江会, 王功宇. 地方政府财政竞争对财政支出效率的影响: 来自长三角地级市城市群的证据 [J]. 财政研究, 2017, (8): 56-68+111.

【80】国家税务总局. 税务总局明确进一步落实支持个体工商户发展个人所得税优惠政策有关事项[EB/OL]. (2023-08-15) [2024-04-13]. https://www.chinatax.gov.cn/.

【81】烟台税务. 收藏! 支持小微企业和个体工商户发展税费优惠政策即问即答 [EB/OL]. (2023-10-11) [2024-05-21]. news. iqilu. com/shandong/shandonggedi/20231011/5526448. shtml.

【82】人民政协网. 提醒! 个税年度汇算本月结束, 未按期补税将收滞纳金[EB/OL]. (2023-06-15) [2024-05-13]. https://www.rmzxb.com.cn/c/2023-06-15/3361958. shtml.

【83】吕道明. 如何防范和应对企业所得税税前扣除凭证风险 [J]. 中国税务, 2023 (4): 58-60.

【84】国家税务总局. 国家税务总局关于办理 2022 年度个人所得税综合所得汇算清缴事项的公告[EB/OL]. (2023-02-02) [2024-04-21]. https://www.chinatax.gov.cn/.

【85】甘肃税务. 就业季, 新入职员工和实习生预扣预缴个税, 跟其他员工有什么区别? [EB/OL]. (2022-08-24) [2024-03-16]. gansu. chinatax. gov. cn.

【86】国家税务总局, 财政部. 关于优化预缴申报享受研发费用加计扣除政策有关事项的公告[EB/OL]. (2023-06-25) [2024-04-13]. https://www.chinatax.gov.cn/.

【87】国家税务总局. 优化预缴申报享受研发费用加计扣除政策即问即答[EB/OL]. https://www.chinatax.gov.cn/.

【88】财政部, 国家税务总局. 财政部 税务总局关于明确增值税小规模纳税人减免增值税等政策的公告 (税务总局公告 2023 年第 1 号) [J]. 交通财会, 2023 (2): 96-96.

【89】人民网. 知识帖! 企业预缴申报时如何享受研发费用加计扣除优惠政策[EB/OL]. (2023-06-30) [2024-04-21]. http://finance.people.com.cn/n1/2023/0630/c1004-40024839. html.

【90】财政部, 国家税务总局. 财政部税政司 税务总局货物和劳务税司有关负责人就延续和优化新能源汽车车辆购置税减免政策有关问题答记者问 [J]. 财会学习, 2023 (22): I0003.

【91】财政部, 国家税务总局. 物流企业大宗商品仓储设施用地城镇土地使用税政策即问即答 [J]. 财会学习, 2023 (16): 03.

【92】秦燕, 刘剑. 延续优化新能源汽车车辆购置税新政解析 [J]. 税收征纳, 2023 (8): 39-41.

【93】财政部, 国家税务总局. 两部门: 充分发挥好税收政策的激励和引导作用 更好地服务新能源汽车产业高质量发展[EB/OL]. (2023-06-27) [2024-03-27]. https://www.chinatax.gov.cn

【94】新浪汽车第一财经. 一文读懂新能源汽车车购税新政[EB/OL]. (2023-06-28) [2024-03-24]. https://auto.sina.com.cn/news/2023-06-28/detail-imyytyui3299959. shtml.

【95】张馨、杨志勇. 当代财政与财政学主流［D］. 东北财经大学出版社，2000.

【96】杨志勇. 中国财政学初期的发展：引进、传播与转型［J］. 财政研究，2022，(9)：3-15.

【97】陈共. 构建新时代中国特色社会主义财政学［J］. 财政研究，2020，(8)：3-11.

【98】邓力平. 马克思主义中国化指引下的中国财政理论发展［J］. 经济理论与经济管理，2022，(1)：4-12.

【99】马海涛、毕学进、马金华. 新时代中国特色社会主义财政理论创新的元素构成［J］. 经济理论与经济管理，2023，(2)：2-15.

【100】马海涛、白彦锋、岳童. 新中国成立七十年来我国财政理论的演变与发展［J］. 财政科学，2019，(4)：14-24.

【101】刘晔. 由物到人：财政学逻辑起点转变与范式重构：论新时代中国特色社会主义财政理论创新［J］. 财政研究，2018，(8)：40-49.

【102】白彦锋、贾思宇. 全球财经治理体系变革下中国特色社会主义财政学的构建［J］. 财政研究，2018，(11)：17-22.

【103】武靖州. 财政政策如何权衡公共风险与财政风险：基于2020年以来我国财政政策实践的考察［J］. 财政科学，2023，(4)：23-32.

【104】邢丽、陈龙. 积极财政政策：中国实践的新逻辑［J］. SOCIAL SCIENCES DIGEST，2023，(5)：85-87.

【105】马海涛、文雨辰. 减税执行下地方政府基本公共服务支出行为：基于支出偏向和支出效率双视角［J］. 河北大学学报（哲学社会科学版），2022，(4)：1-12.

【106】高培勇、杨志勇，将全面深化财税体制改革落到实处［M］. 北京：中国财政经济出版社，2014.

【107】李奕宏，我国政府间事权及支出划分研究［J］. 财政研究，2014，(8)：56-59.

【108】杨志勇，分税制改革中的中央和地方事权划分研究［J］. 经济社会体制比较，2015，(2)：21-31.

【109】马海涛、任强，我国中央对地方财政转移支付的问题与对策［J］. 华中师范大学学报，2015，(6)：43-49.

【110】王华春，刘清杰. 地方政府财政支出竞争与经济增长效应研究：基于策略互动视角［J］. 广东财经大学学报，2016(1)：89-97.

【111】詹新宇，王素丽. 财政支出结构的经济增长质量效应研究：基于"五大发展理念"的视角［J］. 当代财经，2017(4)：27-39.

【112】罗婵. 中国财政支出激励经济增长的效应和效率数量特征研究［D］. 武汉大学，2020.

【113】张德勇. 财政支出政策对扩大内需的效应：基于VAR模型的分析框架［J］. 财贸经济，2013(8)：38-46.

【114】王志刚. 我国地方政府财政支出绩效管理的制度研究［D］. 财政部财政科学研究所，2014.